中国茶叶销售情景式培训教材

茶叶应该这样卖

戴高诺◎著

中国经济出版社
CHINA ECONOMIC PUBLISHING HOUSE
·北京·

图书在版编目（CIP）数据

茶叶应该这样卖（白金升级版）/戴高诺著.
北京：中国经济出版社，2017.2（2025.5 重印）
ISBN 978 – 7 – 5136 – 4531 – 7

Ⅰ.①茶… Ⅱ.①戴… Ⅲ.①茶叶—市场营销学—中国 Ⅳ.①F724.782

中国版本图书馆 CIP 数据核字（2016）第 309674 号

责任编辑　葛　晶
责任审读　贺　静
责任印制　马小宾
封面设计　任燕飞装帧设计工作室

出版发行　中国经济出版社
印 刷 者　河北宝昌佳彩印刷有限公司
经 销 者　各地新华书店
开　　本　710mm×1000mm　1/16
插　　页　1
印　　张　12.5
字　　数　172 千字
版　　次　2017 年 2 月第 2 版
印　　次　2025 年 5 月第 14 次
定　　价　39.80 元
广告经营许可证　京西工商广字第 8179 号

中国经济出版社 **网址** www.economyph.com **社址** 北京市东城区安定门外大街 58 号 **邮编** 100011
本版图书如存在印装质量问题，请与本社销售中心联系调换（联系电话：010 – 57512564）

经济新常态，茶业转型，茶行业培训进入快速发展时期，茶行业不缺懂茶的人才，但是非常缺懂销售技能的人才，因为销售才是茶叶门店的核心生存法则。

如何提高茶叶终端人员的销售技能呢？以茶叶门店顾客接待场景为主要内容的《茶叶应该这样卖》一书，是自我学习的不错选择。

湖南省茶业集团股份有限公司

吴浩人

二〇一六年元月七日

茶叶经济正面临新常态，无论是茶企，还是终端销售场所，都必须正确认识新常态，主动适应新常态，积极引领新常态。如何做到这些，唯有不断学习，不断改进，才能在激烈地市场竞争中立于不败之地。尤其是作为茶叶销售终端，怎样才能把茶叶和服务卖点等重要信息，更快、更准、更好地传播给消费者，并谋求其价值认同呢？《茶叶应该这样卖》正是这样一本指导终端营销人员运用科学方法、技术和艺术来实现多卖茶、快卖茶、卖好茶目的的好书，该书通俗易懂，一学就会，很值得一读。

安徽茶叶进出口有限公司

顾公新

二〇一六年元月十八日

服务过的企业

吴裕泰 WUYUTAI TEA

华祥苑 EMPEREUR

白沙溪 BAISHAXI 1939

陳升號

武夷星 WUYISTAR

湖南省茶业集团股份有限公司
湖南省湘茶高科技有限公司

谢裕大

峨眉雪芽 EMEI XUEYA

龙润茶 LongRun Tea

川红集团 CHUAN HONG GROUP

王光熙

湘益茯茶 XIANGYI FU TEA Since 1958

鸣龍

大业茗丰 DAYE MINGFENG

妙境云上 MIAO JING YUN SHANG

福元號

定心 Calmness 珍稀绿茶

高馬二溪 GAOMAER'XI

清雅源

自在林 ZIZAILIN

正皓茶 ZHENG HAO CHA

婺牌茶

理想 LEADER THINKING

裕园茶

可居茶介

六艺斋

云元谷

吴裕泰店长培训现场

陈升号店长培训合影

华祥苑大区总监培训现场

峨眉雪芽培训现场

王光熙营销特训营合影

白沙溪培训合影

武夷星店长培训现场

川红集团培训合影

大业茗丰培训现场

福元号经销商培训现场

正皓茶经销商培训合影

裕园店长培训合影

上海鸣龙茶业培训合影

湖南云上茶业培训现场

重庆茶业集团店长培训合影

云南白药天颐茶品销售团队培训合影

鼎白店长培训现场

江西水利学院培训现场

传统茶店茶馆营销升级讲座现场

茶评委培训现场

湖南省茶叶研究所营销研修班合影

安徽茶叶行业年会现场

厦门市茶业商会培训现场

祁门红茶协会年会现场

茶店茶馆经理人 1

茶店茶馆经理人 2

茶店茶馆经理人 3

茶店茶馆经理人 4

茶店茶馆经理人 5

茶店茶馆经理人 6

汇仁药业六艺斋茶艺师培训合影

全国百佳茶馆成都可居茶馆培训

广州番禺茶协培训合影

茶叶营销师

四川茶业星级营销班培训合影

六妙白茶西南片区经销商培训现场

茶店盈利课程西安站

茶店盈利课程番禺站

茶店盈利课程都匀站

茶店盈利课程郑州站

茶店盈利课程沈阳站

茶店盈利课程合肥站

《茶叶应该这样卖》签名现场

与读者合影

为读者签名

推荐序一

销售技能应成为不可缺失的职业素养

经济新常态下,茶业发展进入了全新时期,它的主要特征是茶叶“去高端礼品化,回归大众化饮品”。这就对茶叶销售人员的职业素养有了更高层次的要求,主要体现在知识、心态和技能三方面。

在中国茶业商学院首期总裁班开班仪式上,我曾说过:“对于我国茶行业人才培养体系而言,无论是高等教育,还是职业技术培训,没有一个版块教授大家如何把中国茶叶卖好。”截至2015年底,全国60多所高等院校开设了与茶相关的专业,地市级的培训机构有200多个。但是在这些院校和培训机构当中,几乎找不到教授茶叶销售技能的。

中国的茶是健康国饮;中国的茶文化是传统文化瑰宝。但是如何传播茶文化,如何让广大消费者了解茶文化,如何在传播茶文化的同时能够有效地实现茶叶销售,是茶企、茶馆、茶店经营的核心问题,也是茶叶门店销售人员需要掌握的核心技能。

2016年4月,中国茶业商学院总裁班开班时,我有幸结识了戴高诺先生,并得到了他花费4年时间编写的《茶叶应该这样卖》一书。该书总结了他多年从事茶叶营销实战与技能培训的宝贵经验,以“茶叶门店接待顾客”为主题,就“顾客进入茶店茶馆后,和导购可能交流的55个问题”,详细阐述了销售人员应该如何专业而巧妙地解答相关问题,并让顾客在和导购交流时心情愉悦。同时,每个章节后面都附有茶叶小知识,介绍了茶叶的起源、历史、发展等。

《茶叶应该这样卖》一书通过对真实接待顾客场景的分析,阐述了茶叶门店销售人员需要具备的销售技能。该书的出版,对提升中国茶企营销人员的销售技能具有积极的意义,也弥补了茶叶销售终端没有专业销售教材的空缺。事实上,该书能够获得湖南省茶业集团股份公司、安徽茶叶进出口公司、日春股份等著名茶企负责人的推荐,被谢裕大、福元号、川红集团等著名茶企选为门店人员培训教材,足以说明该书的实用性和影响力,也反映出茶行业对销售技能的迫切需求及对销售技能培训的缺失。

国庆节前夕,戴高诺先生来电话告诉我,《茶叶应该这样卖》一书计划推出升级版,因为距离2013年10月第一版第一次印刷已经过去三年了。这三年,中国茶业正好处在转型时期,茶叶门店的销售场景有了很大变化,第一版中的部分场景已经不再适用。"升级"版增加了新的场景,新版的推出将提升该书的"实用性"。戴高诺先生请我为"升级版"写推荐序,我欣然同意。

中国茶业的发展和提升,离不开各种积极的探索,而如何把茶叶卖好,如何让消费者愉快地购买茶叶,需要茶叶销售人员不断提升自己的茶学知识和销售技巧,用积极的、幸福的心态服务于茶行业。

期待《茶叶应该这样卖》升级版带给茶叶销售人员更多的帮助与启示,期待更多的茶叶销售实战书籍出版发行。

中国茶业商学院院长 刘仲华

2016年10月于长沙

推荐序二

销售是茶业的核心生存法则

经济新常态下,茶产业得到了空前的发展,“茶为国饮,健康中国”的理念深入人心;爱茶、懂茶、喝茶的消费群体日益增多;种茶、制茶、卖茶的茶人、茶商、茶企亦急速增长。

不缺茶、不缺好茶,供大于求已成为现阶段茶行业发展的“老大难”问题,“茶难卖”已成为茶行业的痛点。未跟上时代发展的茶叶销售人员的职业素养,已成为制约茶业发展壮大的“拦路虎”。在我担任广东省茶叶流通协会会长的几年里,我一直认为解决“茶难卖”这个问题的痛点是“茶叶应该怎样卖”。茶叶销售一定要以流通为王,无论是单体店、加盟连锁还是互联网电商,归根到底都得依靠销售人员把茶叶卖出去而创造业绩和财富,这样企业才能盈利、生存,进而发展、壮大。

世上没有销售不出去的产品,只有不会销售的职员。茶叶终端(茶店、茶馆、电商、微商)的销售人员如何把茶叶卖给顾客,还让顾客非常开心呢?这需要销售人员掌握好茶叶知识、销售技能和顾客的消费心理,并用幸福的心态感染顾客。

对此,我和多位老师进行了交流,最后我们决定与有丰富茶叶销售培训经验的中国茶叶销售情景式培训导师、畅销书《茶叶应该这样卖》作者戴高诺合作,共同推进和提升茶行业从业人员整体素质,提升和培养优秀营销人员,以帮助茶企发展壮大。为此,协会聘请戴高诺先生担任广东省茶叶流通协会商学院副院长，并由我担任主编，戴高诺主笔，编写《茶叶营销师》（初、中、高级）教材，同时将其开发成配套课程。

戴高诺副院长的《茶叶应该这样卖》以茶店顾客接待真实场景为主要内容，阐述“简单、实用、可复制”的茶叶销售技巧，并通过技巧的运用提升销售人员的职业素养。《茶叶应该这样卖》同时也是一本融茶叶销售技巧和心理学为一体的书，自 2013 年 10 月首次出版以来，至 2016 年 3 月共印刷了 6 次，也成为茶行业实至名归的畅销书。

《茶叶应该这样卖（白金升级版）》的出版发行，不仅体现了经济新常态下，茶叶销售技能的与时俱进，也体现了茶行业对销售技能的日益重视，因为销售是茶业的核心生存法则。

期待有更多的茶叶销售人员从《茶叶应该这样卖（白金升级版）》中受益，期待《茶叶应该这样卖（白金升级版）》让茶叶卖得更好。

广东省茶叶流通协会会长 李勇刚

2016 年 10 月于广州

自 序

茶叶销售，是做一件让顾客愉悦的事

“茶行业不缺懂茶的人才，但是非常缺乏懂销售技能的人才，因为销售是茶店核心的生存法则”（摘自湖南省茶业集团股份有限公司吴浩人题给《茶叶应该这样卖》的推荐语）。

经济新常态下，茶业转型到营销时代，茶叶导购作为茶叶从生产者（加工者）转移到消费者的关键一环，也是和消费者最亲密的接触者，在营销时代，岗位职责和职业素养都需要紧跟时代的步伐。

在茶叶礼品化销售阶段，茶叶导购在门店销售茶叶，面对的顾客以老板的朋友为主，销售层面的岗位职责体现为接待、泡茶、送货。但茶叶进入大众化消费阶段以后，茶店顾客群转向朋友、老顾客和陌生人。如何提高成交率、客单价、重购率成为茶叶导购不可逾越的指标，而要想实现这些指标，销售技能就尤为重要。

茶店顾客去哪了？为什么顾客的成交率低？为什么顾客的重购率低？王教授因为女儿获得全国性比赛的二等奖，想送1斤茶叶给女儿的辅导老师。在某茶企的直营门店，副店长接待了王教授，当坐下来喝茶时，他向副店长说明了买茶叶送给孩子的老师，原因是孩子获得了全国性比赛的二等奖，副店长听完需求后立即推荐了2500元一斤的茶叶，茶叶确实不错，但王教授没有购买。

为什么王教授没有买这家茶企的茶叶呢？在数百场培训中，和学员互动时，答案是五花八门，但很少有击中关键的。其实，王教授没有买茶叶的原因，是因为感觉不爽，不爽的原因则是副店长吝啬了一句赞美之词。

“我是老顾客，应该给我一个特别的折扣”或者“我是老板的朋友，你给我一个特别的折扣，否则我就打电话给老板”，面对这样的老顾客，我们导购的话术有时是直接帮竞争对手培养了消费者。如“买再多也没办法优惠了，公司的政策就是这样”“老板的朋友来买茶叶都是这个折扣”。

其实，老顾客来茶店消费，说这两句话，只是告诉导购“我是你们店的老顾客，我经常支持你们店的生意，你应该尊重我”，在心理上并没有真的想要享受到更低或者更多的优惠。对于这类型的顾客，导购应该迎合顾客的虚荣心理，让顾客感受到尊重。方法是首先感谢顾客对门店的支持，然后用赠品或者其他方式满足顾客的虚荣心，最后强调茶叶特点来促进销售。

顾客走进茶店，导购一句“先生，您想买什么茶叶呢”，或者“先生，您想看点什么茶叶呢”，顾客回答“我随便看看”，然后转1分钟，离开门店，导购又失去了一笔生意。这是目前80%以上茶馆茶店的导购会犯的错误。

门店销售最关键的是顾客有足够的时间和我们交流、沟通，而茶叶导购在幽静的环境中，是有足够的机会让顾客坐下来喝茶的。据分析，只要顾客坐下来喝茶了，成交率就会提高到60%以上。但是茶叶导购面对走进茶店的顾客说的“您想买点什么茶”等语句，给顾客的购买压力是非常大的，潜台词是“如果我不购买茶叶，就可以离开了”。因此，金牌导购面对走进茶店的顾客，首先要做的动作是引导顾客坐下来喝茶，再慢慢引导购买。这也是《冠军茶店标杆销售系统》中的茶店规范销售流程。

新茶还没上市，一位顾客走进茶店，问“有没有100元1斤的新茶”，导购回答“没有新茶，但是有100元1斤的去年的茶叶”，顾客走了，然后被另外一家茶店引导进店后，以去年的茶冒充新茶卖给了顾客。第一家店的导购因为说话技巧不够流失一位顾客，第二家店则用上年的茶叶欺骗了顾客，最终这位顾客不仅对茶店失望，而且会对茶业失望。

不欺骗、不忽悠顾客，是一家持久发展的茶馆茶店的经营之道。对于顾客需要的，而又没有的产品，导购需要积极引导顾客，待顾客接受引导后再推荐购买。

茶叶销售，是做一件让顾客感觉很愉悦的事情，让顾客在茶馆茶店有一次开心的体验，而这需要茶叶导购掌握和运用积极的营销技巧。而积极地致力于茶叶销售技巧传播，是我的不懈追求！

戴高诺

2016 年 10 月于北京

Contents

目录

第二章 茶叶品质典型障碍破解

第三章 茶叶价格典型障碍破解

第一章

顾客接待典型障碍破解

《茶叶应该这样卖》一书对茶叶销售工作者具有很高的参考价值，书中的方法和技巧也体现了对消费者坦诚、负责的态度，是茶行业规范发展的一股正能量。

日春股份公司总裁　王启联

销售场景1

顾客第一次走进门店

场景分析

每一个走进门店的顾客都是潜在的消费者，只要正确引导顾客，运用合适的销售技巧，让顾客有一次愉悦的体验，都有可能形成购买。当一个顾客第一次走进门店的时候，如果是不熟悉的品牌或者没有其他缘故（朋友介绍），会表现出对品牌或者产品不信任，这就像陌生人之间第一次交流总是充满了因不信任而产生的不协调一样。

"您好，欢迎光临"，类似于乘飞机登机时空姐的"欢迎登机"，是句非常空洞的话语，也是导购常见的错误之一，因为没有把品牌或者店铺的信息准确传达给顾客。

金牌导购秘籍

用热忱而细致的服务建立顾客亲切感。

导购策略

要让第一次进店的顾客感觉像是到了非常熟悉的朋友家一样，没有陌生感,交流起来畅所欲言,这需要导购有较强的沟通技巧,以适当的提问、适度的赞美和认真的倾听建立起顾客对自己、对品牌的亲切感,最终即使不能当时形成购买也培养了一位潜在的消费者。

金牌导购语言一

导购:欢迎光临×××茶叶专卖店。先生,请到这边喝茶……(给自己创造引导顾客购买的机会)

金牌导购语言二

导购:中国驰名商标×××茶叶欢迎您的光临。先生,这边请……

小知识

晋代、南北朝茶文化的萌芽

两晋南北朝时期，门阀制度业已形成，不仅帝王、贵族聚敛成风，一般官吏乃至士人皆以夸豪斗富为荣，多效膏粱厚味。在此情况下，一些有识之士提出“养廉”的问题。于是，出现了陆纳、桓温以茶代酒之举。南齐世祖武皇帝是个比较开明的帝王，他不喜游宴，死前下遗诏，说他死后丧礼要尽量节俭，不要以三牲为祭品，只放些干饭、果饼和茶饭便可以。在陆纳、桓温、齐武帝朝代，饮茶不仅为了提神解渴，它开始产生社会功能，成为以茶待客、用以祭祀并表示一种精神、情操的手段。饮茶已不完全是以其自然使用价值为人所用，而是进入了精神领域。

魏晋南北朝时期，随着佛教传入、道教兴起，饮茶已与佛教、道教联系起来。在道家看来，茶能帮助炼“内丹”，升清降浊，轻身换骨，修成长生不老之体；在佛家看来，茶又是禅定入静的必备之物。

销售场景2

顾客是自己消费还是买给别人

场景分析

“自己消费还是送礼”，是指导购要真实准确地了解顾客的消费动机。导购不是为了卖茶叶而卖茶叶，而是要站在顾客的角度帮助顾客把茶叶需求引导出来，简单地说就是帮助顾客正确购买茶叶。

“先生，这款茶叶比较适合送礼”，没有了解顾客的消费动机，仅凭价位推荐。

金牌导购秘籍

引导顾客消费不应主观臆断顾客的想法。

导购策略

第一，探询顾客需求。茶叶消费，购买动机包括自己喝、收藏或者帮别人买，导购在推荐产品前，必须先了解顾客购买茶叶的真正目的，因为购买的动机不一样，顾客的购买心理会有明显的区别。

第二，分析顾客需求。了解顾客需求后，对顾客需求进行分析。一般情况下，要是家庭消费或者办公室消费的价格就会偏低，每斤大约在100~300元，如果是送礼，价位就需要在每斤500元以上，如果是帮领导购买茶叶，价格肯定也是比较高的。

第三，换位思考，针对性引导。了解顾客需求后，导购应该从顾客的角度出发，从顾客的角度考虑，以正确引导和满足顾客需求。

金牌导购语言一

导购：先生，请恕我冒昧，请问您今天买茶叶是自己喝还是送人呢？

顾客：哦，是帮我们局长买的。

导购：先生，看来您对茶叶非常了解，您看局长都要您代买茶叶。请问，局长平时喜欢喝的口感是清香还是浓香，或者是老茶？

顾客：我们局长比较喜欢喝传统工艺的。

导购：先生，传统工艺的茶叶这里有800元/斤的，适合领导在办公室喝，这款茶叶包装精致，局长肯定喜欢，而且我们这款茶叶目前正在做活动，打八折，打完折后是640元/斤。（利益诱导）

金牌导购语言二

导购：不好意思，我想请问您今天买茶是自己喝还是送人呢？

顾客：自己喝。

导购：如果是自己喝最重要的是实惠和口感，自己喜欢就可以了（让顾客感觉自己在为他考虑）。我们品牌有款商务茶系列，就是针对顾客自己喝的，包装大气，价格300元/斤，您看适合吗？

小知识

唐代茶文化的形成

780年陆羽著《茶经》，是唐代茶文化形成的标志。其概括了茶的自然和人文科学双重内容，探讨了饮茶艺术，把儒、道、佛三教融入饮茶中，首创中国茶道精神。以后又出现大量茶书、茶诗，有《茶述》《煎茶水记》《采茶记》《十六汤品》等。唐代茶文化的形成与禅教的兴起有关，因茶有提神益思，生津止渴功能，故寺庙崇尚饮茶，在寺院周围植茶树，制定茶礼、设茶堂、选茶头，专承茶事活动。在唐代形成的中国茶道分宫廷茶道、寺院茶道、文人茶道。

销售场景3

顾客喝完第一杯茶后说："这个茶叶太一般了，有没有好点的茶"

场景分析

问这个问题的顾客，正常来说是一位经常喝茶或者对茶叶有一定的了解。

"您等一下，我换泡好的"，没有了解顾客的需求，浪费了一泡茶叶。

"我这泡茶叶500元一斤，已经很不错了"，典型的忽悠顾客。如果顾客是第一次接触该品种的茶叶，如黑茶，也许还真能被导购蒙过去，但如果是位经常喝该品种茶叶的消费者，这样的回答无疑在培养顾客成为竞争对手的消费者，因为顾客会感觉店里的茶叶价值和价格不符。

金牌导购秘籍

不了解顾客需求就不要轻易顺应顾客。

导购策略

第一，顾客有喝茶的习惯。提出这个问题的顾客至少说明他是经常喝茶的顾客,对茶有一定的了解,对茶叶的档次具备一定的品鉴能力。

第二,探询顾客需求。采用提问和赞美的方式了解顾客的消费水平和消费习惯,如顾客喜欢喝天尖还是千两茶,并根据顾客的消费习惯探寻顾客的消费水平,如办公室日常喝茶和接待领导用茶的档次是不一样的。

第三,满足顾客需求。在确认顾客需求后,导购就可以有针对性地引导和推荐合适的产品满足顾客的需求。

金牌导购语言一

导购:先生,听您这么一问,我就知道您平时经常喝茶,对茶叶非常了解,看来我们应该多向您学习。但是,能否请先生告诉我,您今天买茶叶是自己平常喝呢还是接待领导用的,好让我换的第二泡茶叶更符合您的需要。

金牌导购语言二

导购:先生,您对茶叶真是内行,通过口感就能品出茶叶的价格。其实,以您对茶叶的了解,一定知道整个茶行业的门店第一泡接待茶都是比较普通的,我们店也不例外,但是第二泡茶叶我们就会根据顾客的口感爱好和日常消费茶叶的档次来泡了。请问先生,您日常喜欢的口感是清香的还是浓香的呢?

小知识

宋代茶文化的兴盛

宋代茶业已有很大发展，推动了茶叶文化的发展，在文人中出现了专业品茶社团，有官员组成的“汤社”、佛教徒的“千人社”等。宋太祖赵匡胤是位嗜茶之士，在宫廷中设立茶事机关，宫廷用茶已分等级。茶仪已成礼制，赐茶已成皇帝笼络大臣、眷怀亲族的重要手段，还赐给国外使节。至于下层社会，茶文化更是生机活泼，有人迁徙要“献茶”、有客来要敬“元宝茶”，订婚时要“下茶”，结婚时要“定茶”，同房时要“合茶”。民间斗茶风起，带来了采制烹点的一系列变化。

销售场景4

顾客喝完第二泡茶后问："我刚才喝的这泡茶叶多少钱啊"

场景分析

按照销售法则来说，顾客询问价格说明顾客对产品有了购买需求，但是在茶叶门店，导购需要清楚，顾客询问价格既有可能是成交的信号，也有可能是在探询本店的茶叶档次是否适合自己，或是在探询该品牌茶叶价格与价值是否相符。

“您刚才喝的这泡茶叶是700元一斤，这是半斤装的，350元”，晋江机场某一线品牌的导购在笔者询价时，就这么直接地说。其实这个回答太直接，也许这泡茶叶售价确实是700元一斤，但过于直接，会让顾客觉得很贵，虽然这泡茶叶是顾客要求换的档次比较高的茶叶。

不了解顾客需求，不轻易报价。因此，导购如果觉得对于顾客的信息了解还不够时，千万别直接报价给顾客。

金牌导购秘籍

进退自如，松弛有度，轻松引导。

导购策略

顾客开始询问茶叶的价格,意味着顾客开始有了购买需求,这个时候需要导购通过泡茶过程中与顾客的交流来判断顾客的消费水平和消费动机,针对不同的顾客推荐合适价位的产品。否则,高消费顾客会觉得茶叶档次不够,低消费人群感觉茶叶太贵。因为茶叶好与坏关键在于适合。

金牌导购语言一

导购:这款茶叶的价格对于先生来说,我想肯定不是问题,关键是这款茶叶是否适合您。(针对消费水平中等的顾客)

金牌导购语言二

导购:先生,请问您买茶叶是自己喝呢还是要送人,如果是自己喝,我们推荐另外一款给您,这款茶叶比较适合送人。(针对消费水平较低的顾客)

金牌导购语言三

导购:这款茶叶我看不适合先生,我们这边有另外一款更适合您,我泡给您试喝下。(换1000元以上的茶叶,针对消费水平较高的顾客)

小知识

现代茶文化的发展

1982 年，杭州成立了第一个以弘扬茶文化为宗旨的社会团体“茶人之家”，1983 年湖北成立“陆羽茶文化研究会”，1990 年“中国茶人联谊会”在北京成立，1993 年“中国国际茶文化研究会”在湖州成立，1991 年中国茶叶博物馆在杭州西湖正式开放。1998 年中国国际和平茶文化交流馆建成。随着茶文化的兴起，各地茶艺馆越办越多。

国际茶文化研讨会吸引了日、韩、美、苏及中国港台地区的茶友关注和参与，各省、市及主产茶县纷纷主办“茶叶节”，如福建武夷市的岩茶节、云南的普洱茶节，浙江新昌、泰顺、湖北英山、河南信阳的茶叶节不胜枚举。都以茶为载体，促进全面的经济贸易发展。

销售场景5

顾客喜欢易武普洱，可同行者却喜欢班章

场景分析

面对的人越多销售的难度就越大，因为购买者、使用者、决策者、意见者不是同一人。顾客结伴进入茶叶门店选购茶叶，相对于顾客单独一人进入门店的销售引导难度大得多，因为顾客和同行者经常对茶叶的口感或者香味爱好不一样，各执己见。

"不会呀，我觉得易武茶很适合您啊"或者"自己喜欢就好"的导购语言，其实是在为竞争对手培养顾客，因为迎合顾客而忽略同行者是引导顾客消费的大忌。

金牌导购秘籍

把同行者变成朋友，让同行者帮自己一起说服顾客。

导购策略

在所有的销售过程中陪伴者越多，销售成功的概率就越小。在茶叶门店也经常出现顾客和朋友一起来购买茶叶的情况，如果处理不好同行者的

关系，销售就有可能终止，并且有可能将同行者和顾客培养成竞争对手的顾客。

三国时，孙刘联手抗曹，诸葛亮前往吴国说服孙权成功的关键不在于他舌战群儒，而在于鲁肃的帮助。因此，如果导购能够把顾客的朋友变成我们的朋友，让顾客的朋友帮助我们一起来说服或引导顾客，你会发现，销售原来那么简单。因此，处理顾客和同行者的最好办法就是拉拢同行者，把顾客的朋友变成自己的朋友。

第一，进店都是上帝，不忽视任何人。走进茶叶门店的顾客中，既有可能是老顾客，也可能是新顾客，还有可能是潜在顾客，但都是我们的上帝，销售对象，所以只要是走进门店的顾客，我们都应该以最优质的服务接待他们。

第二，赞美与施压同时使用。有时候顾客会征询同行者的意见或者同行者会为朋友推荐茶叶。当顾客试喝朋友推荐的茶叶感觉满意并且你认为也不错时，你就可以对顾客施压："先生，您的朋友不仅对茶叶很有研究（赞美同行者），而且对您非常了解，他给您推荐的这款茶叶喝起来口感很柔和（给顾客施加压力）"。对此，顾客不好直接说茶叶口感不适合他，因为或多或少要给朋友面子，而同行者因为你的赞美肯定非常开心。

第三，征询同行者的建议。在销售没有进展的时候，导购应该赞美同行者，进而向同行者请教，本质是把同行者变成自己的合作者，共同为顾客推荐茶叶。

金牌导购语言一（针对同行者对茶叶比较了解）

导购：（对顾客说）这位先生肯定对茶叶非常有研究，难怪您会邀请他一起来。（对同行者说）这位先生，作为朋友，您应该对他非常了解，请允许我向您请教，您觉得什么样的茶叶比较适合您的朋友？（对顾客和同行者相互施压）

金牌导购语言二（针对同行者对茶叶比较了解）

导购：（对同行者说）这位先生，看得出来，您不仅对茶叶很了解，而且对朋友也很用心。因此，您也肯定知道您的朋友最喜欢喝什么样口感的茶叶。我诚心向您请教，“什么样的茶叶适合您的朋友”。（拉拢同行者）

同行者：我觉得那款班章的会更适合他。

导购：您真是对茶叶太有研究了，确实，对于老茶客来说，班章更适合。抱歉，我刚才忽略了这个问题。（对顾客说）这位先生，来，我们一起品尝下您朋友推荐的这款茶叶，您看怎么样？（把顾客朋友推荐的茶叶硬性推荐给顾客喝，因为首先顾客不能不喝，不喝显得不给朋友面子，其次导购已经把茶泡好，顾客肯定要喝）

金牌导购语言三（针对同行者对茶叶不了解）

导购：（对同行者说）看得出来，您的朋友对茶叶是位行家，他选择的茶叶条形黑亮、回甘好、转化快。（从朋友的角度去赞美顾客，让顾客和同行者都高兴）

小知识

茶，天然的保健饮料

现代科学研究证实，茶叶中含有600多种化学成分，饮茶能满足人体对多种维生素和微量元素的需要，此外，茶叶中的很多物质还具有强大的抗衰老功能。

茶能治病是因为茶叶中含有与人体健康关系密切的咖啡因、儿茶素、维生素、矿物质微量元素、氨基酸等物质。日本医学专家研究发现，中国人患动脉粥样硬化和心脏病的比例比西方低，除了遗传、生活方式、饮食结构等影响因素外，与中国人爱饮茶有关。

茶叶具有很好的减肥消脂作用。喝茶可以显著提高体内脂肪的氧化分解率，降低胆固醇和血脂含量，使人瘦身健美，因为茶叶中的儿茶素、茶多酚和某些活性酶可以加快体内脂肪燃烧，减少胆固醇在体内的堆积。

销售场景6

顾客喝完茶后说："等下我再来"

场景分析

顾客说"等下我再来""我再看看"等,是茶店销售中经常遇到的问题。

在销售过程中,导购的销售行为必须是积极的,用积极的销售行为来分析顾客"等下我再来"的真实原因才能有效销售。

"慢走,欢迎您下次再来",是句非常消极的语言,它意味销售结束,导购失去了一次成交的机会。

金牌导购秘籍

用积极的销售行为留住顾客,进而抓住机会引导顾客。

导购策略

积极了解顾客说这句话的真实原因,辨别顾客是真的购买者还是蹭茶者。

对于蹭茶喝的顾客,礼貌而客气地送走,因为蹭茶喝的顾客也是潜在消费者。

对于有购买需求但是说“等下我再来”的顾客，该类型的顾客往往是理性的消费者，因为他还在货比三家，还在比较其所选择品牌的价位、包装、服务等。对于这类型消费者，需要用利益促成销售。如果顾客确实需要走，则应该为顾客创造回头的理由。

第一，找原因，了解顾客真实需求。面对顾客的异议，导购如果采取消极应对或者不作为的方式，顾客就可以轻易跳出导购的引导，从而降低销售的成功率。因此导购需用积极的行为，了解顾客的真实想法，明确顾客不成交的原因，进而对症下药。

第二，处理异议，以利益点促成销售。了解顾客的异议后，就应立即处理并在问题解决之后通过利益点促进顾客购买。因为当顾客还在门店的时候，我们就有机会刺激顾客购买欲望和引导购买，一旦顾客离开门店就只能宣告引导顾客购买失败。

第三，为顾客创造回头理由。如果经过努力后，顾客依然想到其他品牌门店去比较或者与人商量，导购应该停止引导并对顾客的想法表示理解，但一定要创造顾客回头的理由。因为顾客一旦回头，其购买的概率为90%。

金牌导购语言一

导购：先生，这是一款传统工艺的铁观音，香味浓郁，是款非常适合胃寒者的茶叶。当然您有其他想法都是可以理解的，只是如果因为我的解释有不清楚或者服务不够好的地方影响您的购买，对我来说是工作失职，所以能否请教一下，您考虑的问题是什么？

金牌导购语言二

导购：（顾客说出原因后）先生，其实您有这样的想法是对的，但是我觉得您说的这个问题还真不是个问题，正好我们这款茶叶这三天在做活动，折后优惠价是……所以，先生，您就别犹豫了，我帮您打包吧。

金牌导购语言三

导购：先生，您做事谨慎细致，肯定是位成功人士，我应该向您学习。对于这款茶叶，我能理解您的想法，不过经过交流知道，您的肠胃不太好，建议您选择像这款一样的传统工艺茶叶，茶叶我先暂时为您单独收起来，如果没有看到合适的您再回来吧。（赞美顾客，礼貌而又热情地送顾客，让顾客感觉不买茶叶都不好意思）

小知识

6—12周岁儿童饮茶注意事项

6—12周岁儿童饮茶首选熟普、花茶。茶叶中含有酚类衍生物、维生素、氨基酸、糖类、微量元素等营养物质，这些物质对儿童的生长发育有益。

熟普茶性温和，刺激性较低，适量饮用或者在饭后用茶水漱口能够帮助儿童预防龋齿；花茶不仅形态美观，而且具有花香，不苦不涩，小孩易于接受。

需要注意的是，6—12周岁儿童每天的饮茶量不要超过500毫升，而且茶汤要尽量淡一些，浓度为成人茶汤浓度的一半即可。

销售场景7

茶叶的价格都是因为你们开专卖店、做广告炒高的

场景分析

顾客是最可爱的人,他们一方面想购买品牌产品,另一方面又担心企业把塑造品牌的费用计入销售价格中,最终这个费用"羊毛出在羊身上"。

导购的日常回答可能会让顾客感觉导购在说自己幼稚,连做品牌需要花钱的道理都不懂。这会使顾客感觉非常不舒服,而且还有可能激怒顾客,最关键的是顾客的顾虑并没有解决,导致失去顾客。如"做品牌肯定是要做广告的,而做广告肯定要花钱"。

金牌导购秘籍

认可顾客或赞美顾客是必用的沟通技巧。

导购策略

茶叶的销售价格由生产成本(原材料、人员工资、设备折旧)、营销成本(推广费用、门店装修费用、物流费用和人员费用)、各级利润和税收组成,因而广告和装修仅是零售价的两个组成因素。

茶企为了塑造品牌，第一会将专卖店装修得漂亮，第二会投入推广，如路牌广告、杂志广告或者赞助一些活动成为指定产品。其实，顾客购买茶叶不但希望能买到有一定知名度的茶叶，而且会从门店的装修去甄别茶叶品牌的档次，但是有部分顾客会担心这些费用会摊到自己头上。

顾客有这种消费心理是非常正常的，当顾客问到该问题时，导购可以从产品销售价格组成和费用分摊比例来解释，让顾客明白专卖店装修、广告费用其实只占茶叶成本非常小的一部分，或者通过品牌荣誉来证明茶叶品质，进而引导顾客购买。

金牌导购语言一

导购：张先生，您这个问题问得非常好，确实我们公司为了能给消费者提供幽雅的买茶环境（专卖店装修是为顾客着想）并快速提升品牌知名度，对店面进行了统一的装修，并投入了广告。不过，根据行业机构统计，茶行业的店面装修和广告费用仅占营销成本的8%。同时，我们公司走的是规模化路线，那点广告费和装修费分摊到每斤茶叶上也就是一两块钱而已。所以，您大可不必过于担心这个问题。

金牌导购语言二

导购：张先生，您对茶行业真是了解，一语就道破了目前茶行业的营销模式。确实，我们投入了不少广告告知顾客我们的优秀品质。如告知顾客成为世博会指定产品。我想您也知道，世博会这样一个全世界都共同参与的盛会，对于指定产品的遴选是非常苛刻的，但能成为指定产品，也说明了我们的茶叶品质是优秀的、让消费者放心的，当然这样会增加一些成本，但由于我们是规模化的生产，所以每斤茶叶分摊的推广成本非常少。张先生，我们买茶叶其实品质是最主要的，我想您肯定宁愿多花一两元钱买品质优秀的茶叶。

小知识

12—18 周岁青少年饮茶注意事项

12—18 周岁青少年正处于长身体且学习压力大的阶段，饮茶能提神醒脑，保持充沛精力，使大脑反应更加敏捷。但这一时期的青少年饮茶不宜过浓、过量，也不要在晚上饮茶，以免影响睡眠。推荐喝绿茶、白茶。

绿茶的抗氧化能力强，对提神、护眼有一定帮助；白茶中的营养物质丰富，适合正在生长发育期的青少年。

随着生活水平的不断提高，很多青少年会经常性地摄入多于生长发育所需的热量，造成营养过剩，久而久之就会引起肥胖，甚至各种疾病。如果平时适量饮茶，茶叶中的多酚类物质、消化酶、茶多糖等对消化代谢能够起到一定的帮助作用。

销售场景8

我以前买过你们的茶叶，但觉得不怎么好

场景分析

在消费过程中，因为服务、产品、品质等问题会导致顾客不开心。当顾客带着不愉快消费经历进入门店时，导购如果能把这种不愉快的经历转换成引导消费的突破口，那这位顾客将会成为导购的永久顾客。因此，面对顾客的不愉快消费经历，导购应该引导顾客释放抱怨心理，忘记曾经的不愉快，并逐步向有利于销售的方向引导。

“我第一次听到顾客这么说”，让顾客感觉导购是在说自己很挑剔。

“这是以前的事情了”，认可顾客的说法，但并没有解决顾客的顾虑。

金牌导购秘籍

不质疑顾客，换位思考，自己就是顾客。

导购策略

顾客不愉快的情绪如果引导得好，顾客将变成你的朋友、忠诚顾客，反之，则从此不再购买并且告诉身边的朋友也不要购买。因而，面对情绪不愉快的顾客，首先应该通过道歉的方式让顾客感受到导购的诚意，进而通过积

极地提问去探询顾客为什么不满，引导顾客宣泄不愉快的情绪，然后再引导顾客向正确的购买方向前进。

对于顾客的问题和意见，导购应该自信地、真诚地回答，让顾客觉得“导购是位值得信赖的人”，感觉找到了知音，同时心里特别舒坦。

金牌导购语言一

导购：先生，因为我们工作没做好的原因，让您有不愉快的经历，为此我代表门店向您真诚地道歉，待会儿我向店长申请一个小礼品给您，以表示我们的歉意。先生，我能请教下吗，您觉得茶叶哪些方面不好呢？比如，茶叶的口感、包装？（真诚道歉，积极引导）

金牌导购语言二

导购：先生，首先我代表门店向您真诚地说声“对不起”，其次我要感谢您对我们的支持，感谢您把真实想法告诉我们，因为只有希望我们更好地发展的顾客才会告诉我们需要改进的地方。现在公司在茶叶品质和导购服务等很多方面都做了很大改进，来，昨天刚到了一款新茶，我泡给您喝。

小知识

18—40周岁成年人饮茶注意事项

18—40周岁是人体的黄金时期，这个阶段人的免疫力、抵抗力最强，精力也最旺盛。现代人生活压力大，应酬繁多，而且很多人喜欢熬夜、吃油腻的东西，很容易导致亚健康。

茶叶中的有效物质能够帮助人体平衡营养，茶多酚可以清除自由基、抗氧化，茶氨酸有镇静安神的作用，能够消除焦虑、抑郁，茶多糖具有降脂、降糖，提高免疫力的作用。

销售场景9

顾客试喝之后，什么都不说转身就走

场景分析

顾客试喝茶之后，什么都不说转身就走，在这个场景中，顾客离店的原因一方面是导购在服务过程中让顾客感觉不愉快，另一方面是导购没有弄清楚顾客真正的需求，导致顾客认为该品牌的茶叶不适合。

“慢走，欢迎下次再来”和顾客说“等下我再来”的消费场景是一样的，是非常消极的语言，也让顾客感觉不到真诚。“不会吧，喝了好几泡，就没有一款茶叶是您喜欢的”等语言带给顾客的感觉是“导购有点不耐烦了”，而且也无助于销售推进。

金牌导购秘籍

积极探询顾客离开的真实原因，针对性地再引导顾客。

导购策略

分众化营销的时代，产品定位已经从满足大部分人群转化为满足小众人群。同样地，没有门店或者销售终端能做到让每位进店的顾客都产生消费，也没有任何一个导购或者茶叶营销师有能力把每位顾客都变成消费者，世界上最著名的销售大师乔·吉拉德都做不到。

门店的顾客可以分为即时消费型（通过引导能当场产生消费）、潜在消费型（通过培养能成为未来消费者）和不消费型。这三类顾客首先都给门店带来了人气，而人气就是财气，因为有人气，就能吸引其他顾客走进门店。因此只要走进门店的顾客都是我们的上帝，都需要给他们提供优质服务。同时，无论顾客在店里喝茶时间长短，导购都不可以做出不耐烦的样子，否则只会把客人永远地驱逐出去。

对于品牌忠诚度低、随意性较强的顾客，导购一方面可以坦诚地与顾客沟通（如躬身请教），请顾客说出不喜欢的原因及其真正需求；另一方面可以采用利益点加压力来引导顾客购买。

金牌导购语言一

导购：这位先生，我能最后向您请教一个问题吗？请问您不买我们的茶叶是因为我的服务没有做好吗？（抬高顾客，把责任归于自己）

导购：（顾客说出原因后）先生，您刚才试喝的这款茶叶这周我们刚好在做“买茶叶送茶点”活动（利益引导），今天是最后一天了（压力营销），我个人建议您别错过机会，很多顾客买了这款茶叶后都会再买。

金牌导购语言二

导购：这位先生，真不好意思，请您先别急着走，好吗？其实您刚刚试喝的这一款是我们店面最畅销的一款茶叶（用最畅销来吸引顾客），是什么原因让您不喜欢呢（探询原因）？真的，我是诚心希望能为您推荐一款真正适合您的茶叶。

小知识

40周岁以上成年人饮茶注意事项

人在40周岁以后身体机能逐渐减退，精力大不如前，这个时期饮茶要遵循淡、温、不过量原则，首选绿茶、红茶、黑茶。

绿茶里的多酚类物质含量很高，多酚类抗氧化、抗衰老的功能对于延缓身体机能减退有一定的作用，但身体虚寒、肠胃不好的人慎饮，或遵医嘱；红茶温和养胃，尤其适合女性饮用，身体较为虚弱，手脚冰凉的人也适合饮红茶；黑茶以色补色，入肾经，且黑茶经过后发酵，其中的有益微生物能解油腻、促消化。

销售场景10

我不喜欢口感很正的茶叶

场景分析

销售从顾客的异议开始,顾客的异议换个角度来说,其实是顾客对导购或者品牌已经从心理上开始认可,只是希望导购能提供更适合他的茶叶或更优质的服务。

日常茶店引导顾客时,不怕顾客有反对意见,怕的是顾客的反对意见不具体,如“我就是不喜欢你们的茶叶”,对于这样的顾客,导购的引导难度大。但如果顾客提出具体的反对意见,则是给导购提供了消除这些反对意见的绝好时机。

“不会吧,我觉得口感不错啊”,没有任何说服力,顾客提出了不购买的具体原因,导购没有进行有针对性的引导。

金牌导购秘籍

变问题为机会,变被动为主动。

导购策略

夫妻闹别扭,最怕的是冷战,双方都不说话。门店销售也一样,对于一言不发的顾客，无论导购技巧再高超，也无济于事。因此当顾客开口说话，并提出具体问题时，就说明问题已经解决了一半，所以作为导购要积极地引导顾客多说话，并且认真倾听，然后针对顾客的想法逐一进行解释。

在门店引导顾客购买过程中，当顾客提出茶叶口感不适合的时候，导购应积极找原因，倾听顾客的真实想法，耐心解答顾客的疑问，当茶叶口感确实不适合顾客时，应推荐更适合顾客口感的茶叶，以建立顾客对导购或品牌的信任感。

金牌导购语言一

导购：李小姐，非常感谢您这么坦诚地说出想法。其实，正味茶叶分为浓香型和韵香型，都是半发酵茶叶。昨天，也有一位先生和您有同样的感觉，后来经过沟通，才知道他喝的是浓香型正味茶叶，而这款茶叶属于韵香型，主要是针对喝了五年以上铁观音的顾客研发的。来，您再试喝下另外一泡，感觉会不一样。

金牌导购语言二

导购：李小姐，您觉得这款口感有点正，是吗？（顾客点头）

导购：李小姐，您说得非常对。这泡茶叶是我们公司花了两年时间才研发出来的，是把传统半发酵的铁观音再用木炭烘焙 5 ~ 12 小时后制成的，属于传统正味的好茶，口感顺滑，拥有天然的火香味，现在闽南非常流行。来，您再喝下。

小知识

绿茶起源

据《华阳国志—巴志》记载，当年周武王伐纣时，巴人为犒劳周武王军队，曾“献茶”。《华阳国志》是信史，因此巴人种茶的历史可以追溯到3000年以前是不争的事实。

另据传言，绿茶发源于湖北省赤壁市。相传朱洪武和宰相刘基到蒲圻寻隐士刘天德，恰遇在此种茶的刘天德长子刘玄一。刘玄一请皇帝赐名。朱洪武见茶叶翠绿，形似松峰，香味俱佳，遂赐名“松峰茶”，又将长有茶叶的高山，命名为松峰山。明洪武二十四年（1391），太祖朱元璋因常饮羊楼松峰茶成习惯，遂诏告天下：“罢造龙团，唯采茶芽以进。”因此，刘玄一成为天下第一个做绿茶的人，朱元璋成为天下第一个推广绿茶的人，羊楼洞成为天下最早做绿茶的地方。

销售场景 11

你们的茶叶款式太少了

场景分析

茶行业是个相对特殊的行业，茶叶的包装会以香型（如铁观音的清香、韵香、浓香和陈香）或者产品等级来区分，它不像服装行业以尺寸、款式、颜色来划分，因此相对于服装行业来说，茶的款式相对就会显得很少，特别是只销售单品种茶叶的门店，如普洱专卖店就只有普洱茶销售。因此，这个问题是行业共同的问题，即使有的品牌多几款茶叶，也不会像鞋服行业那么多。

“新茶过两天就到了”，非常消极的反应，等于认同了顾客“现在茶叶款式确实很少，没有什么茶叶好选”的说法。

“不会吧？这么多款茶叶，怎么会没得买”，要么是导购睁眼说瞎话，要么是顾客说瞎话，无论是谁，反正顾客感觉都不舒服。

金牌导购秘籍

认同顾客观点，将话说圆，最终引导销售。

导购策略

导购在引导顾客的过程中，第一要将顾客提到的确实存在的不足从事实角度进行有效化解，绝不可忽悠顾客，因为茶叶消费不是一锤子买卖，而是长久生意；第二是不论什么时候都不能和顾客发生争执，逞一时的口舌之快，受损失的最终是门店和公司。

在本场景中金牌导购会通过适当的引导，将不足转化为优势，并创造成交机会。首先，导购要尊重顾客的说法，给足顾客面子，建立顾客对导购、对门店、对品牌的认同，绝不可以让顾客感到没有面子，因为顾客一旦产生了抵触心理，即使导购说得再有道理，顾客也不会接受；其次，导购一定要学会将话说圆，将劣势转化为优势，最后因势利导地提出销售建议。

金牌导购语言一

导购：张先生，非常感谢您，因为只有关注和期待我们发展的顾客才会这样说。其实，很多顾客来我们门店后都会有同样的感觉，但经过试喝后总能找到喜欢的茶叶，因为他们发现本店的茶叶品质和口感都非常不错。来，我泡给您试喝一下。

金牌导购语言二

导购：张先生，其实您也一定发现了，目前市场上产品越单一的企业成功的就越多，如加多宝、黑糖话梅等。而我们公司也是这个模式，我们不追求茶叶款式多，而追求每款茶叶都适合不同需求的消费者。来，我先泡一款给您喝，保管您喜欢，请问您平时喜欢喝什么口感的？

小知识

红茶起源

红茶起源于福建武夷山，是由绿茶、白茶的制法演变而来。约在1610年前后（亦有称在1650年前后者），武夷山南麓的星村镇为小种红茶的集散地，此小种红茶原产于星村镇到江西省边界，海拔1000米左右的桐木关山中。

销售场景12

顾客(营业高峰时间):导购员,怎么没人服务啊

场景分析

茶叶门店和商场一样,每天或者每周都有销售高峰时间段,在这个时间段里,一个导购需要同时接待好几拨顾客,往往会顾此失彼。

其实金牌店长在处理这个问题时会运用错班的排班技巧,即根据销售高峰进行技巧性排班,以做到销售高峰或者导购不足的时候能正常应对(当然,这属于管理技巧,本书不做深度分析)。

同时接待好几拨不同的顾客,要做到不同的顾客都有被重视的感觉,不能只重视一边顾客而冷落另一边顾客。正常应对语言"您先在这边喝茶,好吗"和"您稍等一下,我先接待完这边的顾客",都让顾客产生"没有被重视、被冷落了"的感觉。而没人接待或没人打招呼则是门店导购职业素养不高的表现,常有顾客就因为这个原因离开门店从此不再来。

金牌导购秘籍

延长顾客停留时间,给自己引导顾客创造机会。

导购策略

在销售高峰的时候,从消费心理分析,顾客对于导购适当地延长服务时

间是可以接受的，关键是导购要用积极的行为和诚恳的语言给予顾客被重视、被尊重的感觉，让顾客感觉自己对门店很重要。

高峰时间，导购接待顾客的时间分配首先要有先来后到的顺序，同时又以顾客的购买意愿来调整接待时间和接待顺序，但绝对不可以顾此失彼。当需要短暂离开正在接待的顾客时，应用诚恳的语气委婉地说明情况并承诺立刻回来，对于后来的顾客应热情地招呼并请他稍等片刻，当回头再次接待原来的顾客时一定要礼貌道歉。

金牌导购语言一

导购：（对先期进店顾客）先生，真不好意思，今天是每周的销售高峰日，客人比较多，我们人手比较少，如果有服务不到位的地方还希望您多理解。先生，您先在这边品一下茶，有什么事叫我一声，我马上过来，好吗？

导购：（对后期进店顾客）先生，真不好意思，让您久等了，没有及时为您服务还请见谅。请问您今天买茶叶是送人呢还是自己喝？

金牌导购语言二

导购：（对来店闲聊的老顾客）哎呀，真是抱歉，招待不周，您看，您是先自己在这边泡会儿茶，还是看看我们新到的厂刊？我接待完那边的顾客，马上过来为您泡茶。

小知识

白茶起源

关于白茶的历史究竟起于何时？茶学界有些不同的观点。有人认为白茶起于北宋，其主要依据是白茶最早出现在《大观茶论》《东溪试茶录》（文中说建安七种茶树品种中名列第一的是“白叶茶”）中；也有认为是始于明代或清代的，持这种观点的学者主要是从茶叶制作方法上来加以区别茶类的，因白茶的生产过程只经过“萎凋与干燥”两道工序。

还有学者认为，中国茶叶生产历史上最早的茶叶不是绿茶而是白茶。其理由是：中国先民最初发现茶叶的药用价值后，为了保存起来备用，必须把鲜嫩的茶芽叶晒干或焙干，这就是中国茶叶史上白茶的诞生。

销售场景13

顾客喝完第一泡茶后问："你们店里卖红茶吗"

场景分析

经济新常态，经济发展速度从高速发展调整到健康的中高速发展，经济结构正在优化，各行业的盈利能力逐步回归到理性和健康。

针对茶馆茶店因为经济速度放缓和经济结构优化带来的盈利降低，提升的方法之一是经营产品的多元化，事实上，转型后的茶馆茶店很少只经营单一茶类，大部分都是多品类茶叶并存。

顾客喝完第一泡茶后，问有没有某类茶叶，主要的原因就是顾客进店后喝的第一泡茶不是他需要购买的，问题出在导购没有探寻顾客的需求。

金牌导购秘籍

探寻顾客需求永远是销售的第一步。

导购策略

多元化、专业化，是企业经营策略，但是对于盈利下降的茶馆茶店来说，更需要的是市场有需求，门店就有产品满足，否则，在进店率不高的时期，因为没有顾客需要的产品，门店非常容易失去顾客。

多元化产品经营的同时，茶馆茶店不能抛弃核心产品，例如茶店主要经营黄山毛峰，但六安瓜片、太平猴魁、祁门红茶、霍山黄牙，甚至是普洱、黑茶都得有。

对于顾客喝完第一泡茶后，问有没其他茶类，导购需要通过提问的方式探寻顾客的需求，可以在喝茶前探寻，也可以在顾客喝完第一泡茶后探寻，但更多的是喝茶前探寻，因为针对顾客需求泡的茶叶，顾客的认可度会更高。

喝完第一泡茶后，探寻顾客的需求，应该是导购正在泡其他的茶，顾客走进茶店，按照正确的销售流程，导购引导顾客坐下来喝茶，而喝的是导购刚才所泡的茶叶。

金牌导购语言一

导购（第一泡茶是导购在顾客进门前泡的茶）：先生，一听您就是位经常喝茶的人，红茶性温，温胃驱寒，适合脾胃不好的人喝。先生，我能请教下，您今天买茶叶是自己喝还是帮别人买？

金牌导购语言二

导购（探寻顾客需求后，泡的茶不是顾客需要的）：先生，真不好意思，您平时喝的红茶是哪个地方的呢？比如说武夷山、祁门县。因为我听您的口音是闽南口音，闽南那边红茶流行喝正山小种，所以我就泡了正山小种给您喝。

小知识

黑茶起源

“黑茶”一词的出现始于明代前期（15 世纪）的湖南安化，明嘉靖三年（1524），御史陈讲奏云“以商茶低伪，悉征黑茶，产地有限，乃第为上中二品”。

安化素有加工烟熏茶的习惯，茶叶通过高温火焙，色泽变得黑褐油润，故称“黑茶”。安化黑茶采用锅炒杀青、踹揉、沤堆（前发酵）、松柴明火焙干，即将作色工艺在初制过程中完成，且增加了松柴明火烘焙工艺。这种采用安化特定区域的鲜叶原料经独特的加工工艺所形成的茶被称为黑茶。

销售场景14

离新茶上市还有一个月，进店一顾客，问有100元左右的新茶吗

场景分析

2006年后，中国茶产业快速发展，但人均茶叶消费量并不高，而且还有很大一部分人不喝茶或者用大杯泡茶，因此，大部分人对茶并不是很懂。离新茶上市还有1个月，顾客问有没有新茶，这个顾客明显不是懂茶叶的人。

导购毫不犹豫地说，新茶还没上市，有100元左右的陈茶，然后导购准备介绍时，顾客就往店门口走了。出店后被另外一家茶店叫进去，没过20分钟，就在那家店买了茶叶！导购开始思考，难道我不应该说实话也应该忽悠！

导购秘籍

让顾客坐下来是茶店销售引导的第一步。

导购策略

据分析，顾客进店后，直接问导购，有没某类茶叶，这时导购如果直接回答顾客的问题，导购的成交概率为30%，如果导购能引导顾客坐下来喝茶，

成交概率提高到了60%,因此,想要把茶叶卖给顾客,首先需要引导顾客坐下喝茶。

处理本场景,导购可以采用3步法则。第一步把顾客留住,因为顾客如果留下来,或者坐下来,就有销售的机会;第二步探询顾客的需求,了解顾客买茶的动机,弄清楚顾客为什么要买茶,在此基础上引导顾客向其自己心中正确的需求前进;第三步,介绍茶叶,推荐购买。

需要特别注意的是:以陈茶冒充新茶,这样即使成交了,第2次购买的概率也非常小,也就是没有重购率。

金牌导购语言一

导购:先生,不知道您买茶叶是自己喝,还是送人?您要是时间不特别急的话,先坐下来,喝杯茶,虽然已经是3月了,外面气温还是很低,先喝杯茶,暖暖身子。来,这边请!

金牌导购语言二

导购:先生,您经常买新茶喝吗?不过根据我5年的卖茶经验,新茶的最佳品饮期是2个月,否则喝起来有些顾客会感到不舒服,而陈茶经过一段时间存放后,跟新茶口感一样,而且香味更醇厚。来,我泡给您试喝下!

金牌导购语言三

导购:先生,您先这边喝茶,我去看下新茶有没到货。(拖延时间,让顾客先坐下来喝茶,同时请同事泡茶并引导顾客)

小知识

黄茶起源

通常黄茶分为“品种黄茶”和“工艺黄茶”两种类型。因茶树品种形成的黄色的茶称“品种黄茶”。这种“品种起源说”有远溯七世纪的史料为证，唐朝盛产的“寿州黄芽”和现时霍山大化坪出产的黄茶就是自然发黄的品种黄茶。工艺黄茶则是通过炒制过程中采用独特的“闷黄”工艺改变了茶的色泽和内质。工艺黄茶的具体起源时间已经无法考证，从目前的考证来看有两种说法，即一说是黄茶出现在绿茶之前，另一说是在绿茶之后，这是渊源的探讨，但从蒙山茶的工艺发展历程来看，黄茶早于绿茶。蒙古人把砖茶或绿茶也称作黄茶，主要是根据茶的色泽取名。古代因长途运输，费时较长，绿茶色泽变成黄色，与砖茶色泽相似，也被称为黄茶。

销售场景15

顾客经常来喝茶，就是不买茶

场景分析

茶店有种顾客，经常来喝茶，但是从来不买茶，对于这样的顾客，很多茶店老板和导购都头疼，不知道如何应对。

其实，茶店的顾客分为三种类型，刚性消费者，对于买茶叶有即时的需求；潜在消费者，暂时不购买茶叶，但是有一天他也购买茶叶；蹭茶者，对于茶叶从来就没有购买的需求，把来茶店喝茶作为一个聊天消磨时间的方式。

君不见，蹭茶者、蹭空调者、蹭书者、蹭衣服试穿者，后浪推前浪，但是从来没有听说过服装店、茶店或者餐饮店因为“蹭者”而关门倒闭。所以，茶店大可不必因此而烦劳，需要做的是如何挖掘蹭茶者的资源。

金牌导购秘籍

人气即财气，挖掘顾客资源。

导购策略

面对蹭茶者，以对待顾客的服务真心接待，多来几次后，导购和蹭茶者熟悉了,也就成了朋友。朋友是需要两肋插刀的,也就是需要互相帮助的。这个时候导购可以用业绩压力来请蹭茶者帮忙,实现让蹭茶者买茶或者介绍朋友买茶。同时,也请蹭茶者避开每天的销售高峰,在顾客少的时候来喝茶,如上午。

金牌导购语言一

导购:张总,您觉得这款茶叶怎么样?(多次喝茶后,蹭茶者不会说茶叶难喝)

顾客:我觉得挺不错的。

导购:张总真有眼光!唉,可是这个月我又惨了!

顾客:怎么回事?

导购:这个月还有3天就结束了,业绩还差很多呢,别说奖金,基本工资都要被扣了。

顾客:这样啊!

导购:张总,要不您帮帮我吧,这款茶叶刚好也是您喜欢的,您就买3斤吧,就这么定了,我现在就帮你拿茶。

顾客:3斤太多了,1斤好吗?(顾客无法拒绝,只能选择少买)

导购:那还是不够,张总,要不您介绍几个朋友给我吧!谢谢!(挖掘顾客的资源)

金牌导购语言二

导购:(销售高峰,店面人很多)张总,欢迎光临,来,您这边先坐,现在店里顾客很多,我先去接待下其他顾客。

(10分钟后)张总,真的不好意思,让您久等了,店里每天这个时候顾客都非常多,没接待好您,不过您是老朋友了,肯定能谅解。张总,其实我也希望能专心泡茶给您喝,因此我能否建议您以后在上午过来(非销售高峰),顾客比较少。

小知识

青茶起源

在清朝雍正三年至十三年（公元 1725—1735 年）福建安溪人创制发明青茶，首先传入闽北，后传入台湾地区。清朝咸丰年间，公元 1855 年前后，当时福建红茶生产过剩，品质下降，销路不畅，茶价下跌，影响广大人民的生活。促使茶业劳动者在制茶实践过程中加深认识，改变技术措施，创新花色。如台北的包种，政和的白毫莲心（俗称白毛猴），以扩大销路，而改制青茶。

销售场景16

老顾客打电话购买茶叶，并要求第2天送货，但准备送货时顾客却不接电话

场景分析

老顾客打电话给导购或者茶店，购买茶叶并要求送货。

第二天，茶店准备送货时，再联系顾客，却发现顾客不接电话了，导购心想，也许顾客在忙，晚点再联系吧，可是一整天顾客还是不接电话，而且从此也不再接电话和来门店了。导购对这位老顾客开始抱怨，不要茶叶了也没事，干吗不接电话呢？其实这个时候，主要是因为顾客要导购送的茶叶突然有了变化，茶叶不要了，但是又不好意思和导购说，因此就开始回避茶店或者导购。

金牌导购秘籍

卸除顾客包袱，让顾客没有压力。

导购策略

老顾客是门店的宝贵资源，根据20/80法则，80%的销量来自20%的顾

客，所以，门店要维护和服务好老顾客，减少一位老顾客，减少的是看得见的销量。

对于本场景中的情况，导购处理方法：第一不要等到第2天就送货（顾客购买的可能性大），第二顾客不接电话时直接送货过去（即使顾客有变化了，不买茶叶，也能沟通交流，不至于顾客从此不来门店），第三如果第2天没直接上门，第3天也不接电话，说明顾客原订的货出了问题，可能现在不用了，这时需要给顾客卸除压力，否则他会不好意思面对这件事，也就不再来门店喝茶，门店就失去了顾客。

具体方法是用微信、短信的方式告诉老顾客，他预定的茶叶刚好另外一个朋友有需求，先给他了，如果他还需要，再帮他配货，同时感谢老顾客的支持，真诚邀请老顾客来门店喝茶。

金牌导购语言一

导购：李总，不好意思打扰你了，现在向您汇报下，您预定的茶叶，因为刚好另外一位顾客需要购买，所以就先给他了，等您下次需要购买的时候我再帮您配货（卸包袱）。非常感谢您对我的支持，有时间欢迎经常来门店喝茶。

金牌导购语言二

导购：李总，非常抱歉，您预定的茶叶被另外一位顾客相中了，坚决要买，所以只能让您忍痛割爱了！对了，本周五，我们准备举办一场老顾客的品茶会，诚心邀请您参与，不见不散哦！

小知识

一年四季茶饮表

季节	身体特征	茶叶种类	理由
春	这个季节气温转暖，阳气生发，万物生长，一派生机勃勃。如果人体的阳气没有顺势发起来，就会感到困倦，觉得身心受到束缚	花茶、单丛	春茶取芽尖，取茶的甘凉，同时借助花的芳香辛散，能促进阳气生发，有助于振奋精神，使人神清气爽
夏	这个季节天气炎热，阳气在表，汗液多，热邪上攻，会出现头晕、眼热、面热、口干舌燥、大便干燥等情况	绿茶、白茶、黄茶	夏天解暑偏向于清热生津。绿茶、白茶、黄茶都偏凉，清热的作用更大一些
秋	这个季节比较干燥，早秋燥偏温，晚秋燥偏凉。所谓燥，就是缺水，津液不足。解除燥要用寒热偏性不大的物质去润，且温热要适中	青茶	青茶是一种半发酵茶，介于绿茶和红茶之间，既能清除夏季遗留在体内的余热，又能补充津液，恢复阳气
冬	这个季节阳气闭藏，以养阳为主。冬天人们一般少动，且容易吃一些能量高的食物	红茶、黑茶	冬天喝红茶可以养阳气，给人以温暖的感觉；黑茶可以暖胃驱寒，消食化积

销售场景17

我不买茶，想请你帮我倒杯水

场景分析

这是发生在高铁站内一品牌茶店的场景，一位顾客走进来，导购说完欢迎语后，问顾客需要买点什么茶叶，顾客回答说“我不买茶，想请你倒杯水给我喝”，导购回答“对不起，我们这边不提供水”。随即，顾客离开门店。

类似的回答“先生，如果您不买茶，需要加水，是需要收费的，5元一杯”。另一种回答“好的，没问题，先生您的水！很冒昧地问句先生今天不喝茶的原因是什么呢”，这种回答有进步了，但是探寻需求太快，会让顾客不适应或者觉得导购要卖茶叶给他。

金牌导购秘籍

满足顾客合理的需求是销售成功的前提。

导购策略

在茶店接待顾客时，顾客会提出各种不同的问题，导购解决的原则是

“有助于销售，而不是无意识中把顾客赶出门店”。因为通过服务，没有显性需求的顾客也有可能产生需求，即使当场不产生需求，以后也会有需求。如果导购直接把顾客赶出门店（无意识），就没有了任何的机会。

同时，品牌传播的最佳途径是口碑传播，一位顾客在高铁站茶店享受到优质服务，他会把这种经历告诉给朋友，而在高铁成为现代交通的主要工具时，顾客的朋友走进高铁站内的机会是非常多的。而如果顾客带着未满足的情绪离开门店时，他传播给身边朋友的就是不愉快的经历，而这种传播对于茶店的美誉度是影响非常大的。

处理本场景的方法是导购满足顾客的需求，并告诉顾客“水正在加热”，请顾客坐下来稍等片刻，顾客坐下来后，引导顾客的机会顺理成章也就有了。最后即使没有成交，也记得请顾客留下联系方式，并请他下次再来茶店加水。

金牌导购语言一

导购：先生，您先坐下来，稍等片刻，等水开了，我就倒给您。

顾客：谢谢！

导购：不用客气！您能进来我们店，也算一种缘分，加杯水没什么的。（仔细观察顾客的水杯有没有茶叶，如果有）先生，如果我没猜错，您杯子里的是黄山毛峰吧（转入引导）。

金牌导购语言二

导购：可以的，来，请把您的杯子给我！（拿到顾客杯子后，如果杯子中没有茶叶），先生，您平时喜欢喝什么茶呢？

顾客：我平时不爱喝茶。（顾客心理，导购想卖茶叶给我）

导购：先生，今年的黄山毛峰刚好上市了，我给您的杯子加一点，喝完后呢给我们提点建议。（试泡茶体验）

顾客：谢谢！

导购：不用客气，下次如果来这边坐高铁或者有朋友坐高铁，都可以进来我们这边喝茶。（美好的体验，为顾客回头和转介绍提高概率）

顾客：一定会来的！

小知识

每日饮茶2～6克

茶叶中含有多种维生素和氨基酸，饮茶对于清油解腻，增强神经兴奋以及消食利尿具有一定的作用，但并不是喝得越多越好，也不是所有的人都适合饮茶。一般来说，每天1—2次，每次2—3克的饮量是比较适当的，对于患有神经衰弱、失眠、甲状腺功能亢进、结核病、心脏病、胃病、肠溃疡的病人都不适合饮茶，哺乳期及怀孕妇女和婴幼儿也不宜饮茶。

第二章

茶叶品质典型障碍破解

卖茶是一门技术，也是一门艺术。《茶叶应该这样卖》将技术与艺术完美融合，且一学就会，一用就有效，值得一读再读，一用再用。

川红茶叶集团总经理　陈岚

销售场景 18

这是哪儿的小牌子，我从来没有听说过

场景分析

人的性格大致可以分为活泼型、力量型、和平型和完美型，在茶叶门店的顾客中，什么类型的人都有，就如人的四种性格一样。“这是哪儿的小牌子，我从来没有听说过”，这样说话的顾客是属于活泼型的性格，心直口快，有一说一。这类型的顾客处理好了，很可能成为你的忠实顾客，反之则有百弊无一利。

“我们店已经开了三年了”和“真的吗？我们是中华老字号、中国驰名商标，您都没有听说过吗”，这两种说法的潜台词是“您的见识也太少了，连我们都不知道”，本质是暗示顾客见识太少，让顾客没有面子。

“我们全国有 300 多家店，但我们刚进入这个市场”，这句话有了一定的进步，也是导购解决顾客疑问的方向之一，但这么说过于直接，让顾客感觉导购在驳斥他，不利于销售的引导。

金牌导购秘籍

不回避问题，勇于承认事实和存在的问题。

导购策略

在众多销售门店，无论是茶叶一线品牌，如白沙溪、八马、大益等，还是鞋服行业的安踏、九牧王等国内著名品牌，都存在这样一个问题，当有顾客提出“场景分析”中的问题时，常有店员做出“不会吧，我们在中央电视台投入那么多广告，您都不知道啊”这种令顾客难堪的回答。

其实，如果顾客提出的问题是真实存在的，导购要有勇气承认，因为从顾客的购物心理分析，他们也并不是期待能买到完美的产品。著名品牌海尔的产品还会出现问题呢，不过海尔聪明的是用最忠诚的服务来化解消费者的抱怨，让偶尔的质量问题变成自己最忠诚服务的基础。同样，金牌导购会用技巧性的语言来解答顾客的疑问，将缺点转化为优点，将劣势变成销售的转折点。

处理这个问题的策略，首先，自我检讨，以获取顾客好感，拉近心理距离；其次，解释造成顾客有这种感觉的原因，让顾客感觉自己的疑问不是个问题，只是因为门店有些工作没做到位；最后，介绍品牌，引导顾客购买。

金牌导购语言一

导购：先生，您是第一次来我们店吧？（说这句话的顾客肯定是第一次进店）

顾客：是！

导购：先生，这真是我们的错，其实我们这个店开张已经快三年了，不过因为我们的推广方式主要是口碑宣传、老顾客介绍，所以导致很多顾客都不知道。不过没关系，今天您光临我们门店，给了我一个为您提供服务的机会，刚好您也可以详细了解一下我们的品牌。来，先生这边请，我们昨天刚到了一款茶叶，我泡给您喝。（立即顺势转向介绍茶叶）

金牌导购语言二

导购：呵呵，先生，您对本地茶叶市场可真了解啊。其实，我们的品牌 2003 年就在 × 地方创立了，只不过根据公司的营销战略，今年才决定进入本地市场。以后还需要您多捧场、多照顾。先生，您平时喜欢喝普洱还是铁观音？（简单处理后立即转向销售引导）

小知识

一杯茶该泡几次

无论什么茶，第一次冲泡，浸出的量占可溶物总量的 50% ~55%；第二次冲泡一般约占 30%；第三次为 10% 左右；第四次只有 1% ~3% 了。从其营养成分（茶叶中的维生素和氨基酸）看，第一次冲泡就有 80% 的量被浸出，第二次冲泡时约 15%，第三次冲泡后，基本全部浸出。茶香气和滋味，一泡茶香气浓郁，滋味鲜爽；二泡茶虽浓郁，但味鲜爽不如前；三泡茶香气和滋味已淡乏；若再经冲泡则无滋味。

一般的红茶、绿茶和花茶，冲泡以 3 次为宜。乌龙茶在冲泡时投叶量大，茶叶粗老，可以多冲泡几次。以红碎茶为原料加工成的袋泡茶，通常适宜于一次性冲泡。一杯茶从早泡到晚的做法不可取。茶叶经过多次冲泡，能使一些难溶的有害物质（如某些极微量的残留农药）逐渐浸出，对人体有害。理想的泡饮方法是，每天上午一杯茶，下午一杯茶，既有新鲜感，又有茶香味。

销售场景19

你们的茶叶与某某品牌比，哪个更好

场景分析

俗话说“不怕货比货，就怕不识货”，因此顾客拿我们的品牌与其他品牌相比是件好事情，也是顾客共同的心理。因为顾客经过对同类型品牌的价格、包装、门店装修和茶叶品质等的比较，最后选择了一个品牌，这样的顾客对于品牌的忠诚度是非常高的，轻易不会更换品牌。所以对于这样的顾客，门店导购不仅要提供正常的优质服务，还需要认真解答顾虑。

日常导购应对语言：“大家都差不多吧，关键看您的选择了”，没有回答顾客的问题，是一句没有任何意义的话，也无助于引导顾客。“××品牌，我没有关注过，也不太了解”等于告诉顾客，我们的工作不够专业，知己知彼中只做到了知己；“他们就是店面比我们更多而已”，违反了商业竞争“不贬低竞争对手”的规则，因为贬低对手的同时也损害了自己的形象，是损他不利己的行为。

金牌导购秘籍

认同顾客所说的品牌，进而解除异议引导消费。

导购策略

挪威人爱吃沙丁鱼。但由于沙丁鱼生性懒惰,不爱运动,因此捕捞到的沙丁鱼往往回到码头就憋死了。而有一位渔民的沙丁鱼总是活的,原来他在捕到沙丁鱼之后,就在池中放入几条能威胁沙丁鱼的鲶鱼,沙丁鱼迫于生存压力,不仅时刻警惕,而且游得极快,所以就活下来了,这就是著名的“鲶鱼法则”。它的启示是“市场经济是竞争经济,有竞争才能让企业更加健康地发展,才能促进经济发展”,可口可乐和百事可乐、麦当劳和肯德基都是非常著名的竞争共发展案例。

对于本销售场景来说,导购绝不可以有贬低竞争品牌的语言或行为,因为顾客会觉得说别人不怎么样的品牌肯定自己也不怎么样,都是一路货。导购的正确做法是首先认可顾客提及的品牌,然后强调各自的茶叶特点或者不同的定位,同时结合顾客的购买需求,真实地、详细地说明自己品牌的优点,以激发顾客的购买欲望。

金牌导购语言一

导购:(针对顾客提及的品牌是一线品牌)先生,××品牌确实做得非常好,一直是我们学习的榜样。其实,我们品牌定位的主要消费人群是××类型的,如果您是××类型的消费者,我觉得我们品牌会更适合您,因为……

金牌导购语言二

导购:(针对顾客提及的品牌和自己品牌差不多)您对茶叶还真是了解,您说的这几个品牌都是不错的品牌,只是主推的茶叶不一样。因此不是哪个品牌好与不好的问题,而是要看您个人的需求来决定。请问您购买茶叶的时候比较注重口感还是……(探询顾客购茶偏好)

小知识

品茶不是越新鲜越好

从营养学角度来讲最新鲜的茶叶其营养成分不一定是最好的，因为所谓新茶是指采摘下来不足一个月的茶叶，这些茶叶因为没有经过一段时间的放置，有些对身体有不良影响的物质，如多酚类物质、醇类物质、醛类物质，还没有被完全氧化，如果长时间喝新茶，有可能出现腹泻、腹胀等不舒服的反应。太新鲜的茶叶对病人来说更不好，像一些患有胃酸缺乏的人，或者有慢性胃溃疡的老年患者，这些人更不适合喝新茶。新茶会刺激他们的胃黏膜，产生肠胃不适，甚至会加重病情。

销售场景20

我一直买你们的茶叶，但是发现你们的质量非常不稳定

场景分析

产品质量问题不是导购、店长能解决的问题，它涉及茶叶生产或运输过程中的包装破损（如内包装袋封口的时候没有对准，就会出现漏气现象），茶叶挑拣的时候不严格就会有茶叶含杂质现象。

日常应对语言："哎呀，我们也没有办法呀"和"前面也有顾客反映，我们已经上报给公司了"，这两种说法把责任推卸给了公司或老板，损害了公司形象，而且问题没有解决。

"第一次听说这个问题"，把责任推卸给顾客，责备顾客乱说，结果是为竞争对手培养了一位新顾客。

金牌导购秘籍

损害门店、公司或品牌形象是导购工作的大忌。

导购策略

蒙牛是内蒙古的两大牛奶品牌之一，但是2008年陷入三聚氰胺事件；

2009 年高端产品特仑苏 OMP 事件;2013 年大众汽车被“3·15”晚会曝光 DSG 问题。因此,一点瑕疵都没有的产品是不存在的,只是优秀的企业努力把瑕疵降到最低,让产品更优秀而已。

导购是与顾客接触的最亲密者,在销售时如果发现茶叶质量有问题应该及时汇报,绝不能推卸责任,更不能损害公司形象并出卖公司利益,哪怕是无意识的。因为一个只会推卸责任的导购难以赢得顾客的尊重。

对于顾客提出茶叶的质量问题,如果质量问题是真实存在的,导购要用技巧性的语言来回答,让顾客感觉他是对的,以此拉近与顾客的心理距离,进而缩小或转化质量问题,将质量问题转化为产品瑕疵问题,把有质量问题的茶叶缩小到批次再缩小到部分,进而向顾客推荐质量稳定的产品。

金牌导购语言一

导购:先生,您来得正是时候。我们上周三(不超过 5 天)接到公司的通知,说由于个别生产人员的问题使得极少的茶叶品质有点小瑕疵,导致小批次茶叶出现了包装漏气的问题。公司要求我们尽快联系购买了这批次茶叶的顾客,同时要真诚地代表公司道歉并且为顾客更换品质好的茶叶。来,您到这边喝茶,我帮您更换茶叶。

金牌导购语言二

导购:非常感谢您对我们店的支持,也欢迎您对我们进行监督。以后,您如果发现我们的茶叶有什么问题,请及时告诉我们,我们会第一时间向老板或公司汇报,以促进茶叶品质的改进和提升。同时,为了感谢您的支持,我们店这边有个小礼品送给您。

小知识

沏茶的要领

泡茶时每次茶叶用多少，并无统一的标准，根据茶叶种类、茶具大小以及消费者的饮用习惯而定。如冲泡一般红、绿茶，每杯放3克左右的干茶，加入沸水150～200毫升；如饮用普洱茶，每杯放5～10克。乌龙茶，每次投入量为7克左右。

在水的温度方面，对于高级绿茶，特别是各种芽叶细嫩的名茶，一般以80度（指水烧开后再冷却）左右为宜；泡饮各种花茶、红茶和中、低档绿茶，则要用100度的沸水冲泡。泡饮乌龙茶、普洱茶和沱茶，每次用茶量较多，而且因茶叶较粗老，必须用100度的滚开水冲泡。

销售场景21

你们的包装真难看

场景分析

包装难看同样是导购和门店难以控制的问题，因为这是由企业产品研发部门负责。当然，产品和包装研发必须能够引导或者迎合市场的需求。如小罐茶就是一个成功的案例。

“茶叶的包装都差不多”，等于承认了自己的包装难看，而且把问题扩大到了行业。

“正在设计，新包装马上就上市了”，等于承认了目前自家的包装确实难看，活泼型性格的顾客很可能得理不饶人，继续纠缠包装的问题，甚至会说“你看某某茶叶又出了一款包装，新包装非常不错”，最后还是觉得应该去买竞争对手的茶叶。

金牌导购秘籍

换个角度，劣势也能变成优势。

导购策略

无论包装是否真的难看，导购首先都要认可顾客的观点。如果包装确实比较难看，导购可以阐述这一阶段的公司战略是茶叶品质改进，以最适合的口感来满足顾客。如果问题不存在的话，导购可以用某些荣誉来向顾客证明其实自己的包装并不落后，如包装获得过某某设计大赛的奖项，包装是由某著名广告公司操刀设计的。

如果问题真实存在并且已经有很多年没有更换风格了，首先导购要认可顾客的观点，然后告诉顾客，多年没换的风格其实是品牌的主风格，公司很注重品牌的塑造，一旦主风格确定下来，就不会轻易改变，当然在包装的细节上还是在不断地进行更新的。

金牌导购语言一

导购：您肯定是我们的老顾客了，对我们茶叶的包装相当了解。是的，我们的包装确实自品牌创建以来就没有做过多的调整，因为我们老板非常重视品牌的塑造，就像加多宝罐装饮料，直到2015年才更换金罐。我们老板也希望这样，顾客一看到这种包装风格就知道是我们的。当然了，我们的产品包装除了主风格没变化外，其实局部还是有调整的，您看……

金牌导购语言二

导购：您肯定是我们的老顾客了，对我们的包装这么了解。公司已经请著名的广告公司来设计了，估计不久就能看到我们的新包装了。其实，我们公司很早就发现这个问题了，为什么一直没改变呢？是因为公司第一阶段的重点是研发最适合顾客口感的茶叶。现在我们的口感已经获得了大部分顾客的认可，公司就重点关注茶叶包装更新了。

小知识

不同体质的人喝茶注意事项

体质	特点	常见人群	患病倾向	养生关键	推荐茶类
平和体质（健康）	脸色红润，精力充沛，睡眠好，二便通畅	年轻男性	不爱得病	保持就好	均可
阳虚体质（怕冷）	手脚不温，畏寒怕冷，嗜睡，容易产生夜尿和腹泻	久坐者、户外活动少者、月经期和产褥期的女性	水肿、腹泻	防寒保暖，多食具有驱寒补阳、温肾壮阳功效的食物	青茶、红茶和黑茶（普洱熟茶）
阴虚体质（缺水）	皮肤干燥，眼睛干涩，易口渴，脸易潮红，大便干结	体形消瘦，易心烦意乱者	易患咳嗽、干燥综合征、甲亢	保证午休，重滋阴补肾，清热润肝	绿茶、青茶、白茶和黄茶
气虚体质（疲乏）	疲乏无力，爱出虚汗，健忘嗜睡，呼吸短促	先天不足者、营养不良者、年老虚弱者、久病未愈者、手术后患者、压力过度者	容易感冒，生病难以痊愈	宜吃补气益气、易消化的食物	红茶、青茶和黑茶（普洱熟茶）
痰湿体质（肥胖）	体形肥胖，面部油脂分泌旺盛，多汗多痰	以公司管理层或生活较安逸者为主，男性居多	易患冠心病、高血压、高脂血症、糖尿病等	饮食以清淡为主，多做户外运动，忌甜腻肥厚的食物	绿茶、红茶

小知识

续表

体质	特点	常见人群	患病倾向	养生关键	推荐茶类
湿热体质（长痘）	急躁易怒，脸上易出油、易生痤疮粉刺，不爱吃饭，舌红苔黄	喜欢吃高热量食物者，嗜烟好酒者，生活压力过大者	易患疮疖、黄疸等皮肤病，以及胆囊炎、冠心病、糖尿病等	不要熬夜，宜多食用清热燥湿的食物，忌辛辣油腻的食物	绿茶、白茶和黄茶
血瘀体质（长斑）	皮肤晦暗，身上容易出现瘀斑，掉发严重，健忘	脑力工作者，女性居多	易出血、中风，易患冠心病	保证睡眠，适量锻炼，多吃活血化瘀的食物	红茶、黑茶和青茶
过敏体质（过敏）	原因复杂多样，主要分为接触过敏、食物过敏和物理过敏	过敏性鼻炎患者，药物过敏者等	易药物过敏，易患花粉症、哮喘等过敏性疾病	荤素搭配合理，少食辛辣、腥膻发物及含致敏物质的食物	青茶、红茶和黑茶
气郁体质（郁闷）	体型一般偏瘦，多愁善感，忧郁脆弱，易心慌、失眠	压力大者，女性多于男性，多为年轻人	易失眠，易患抑郁症	多吃解气解郁、消食醒神的食物，睡前避免喝茶、咖啡等提神醒脑饮品	红茶、青茶

销售场景22

买茶叶，××品牌不错，我一般都买他们的茶叶

场景分析

在茶叶门店销售过程中，确实会遇到这样的顾客，试喝了好几泡茶后，竟然还说其他品牌的好话。这样的场景对于导购来说，可真是一个考验，因为但凡导购修养差点或者性格泼辣点，很容易和顾客发生争执。而和顾客发生争执是销售的大忌之一，轻则顾客带着愤怒离开，重则影响其他顾客购买。

“××品牌茶叶前几天还来找我们合作呢”“同样的茶叶，××品牌的价格比我们高得多”“××品牌的茶叶（毛茶）都供给我们”，给顾客的感觉是导购在诋毁××品牌，标榜自己，贬低对手，显得不够坦诚，第二句话有可能挑起价格争议。

金牌导购秘籍

竞争对手是学习的对象，也是超越的目标。

导购策略

市场经济的本质是竞争，因此除了少数的垄断性行业外，每个行业都有

很多的竞争对手，竞争对手的存在是必然的，是市场经济的必然结果，也是具有核心竞争力的企业健康发展的外因。

面对竞争对手，最好的方法就是学习他并超越他，如蒙牛成立之初的广告语"向伊利学习"，麦当劳和肯德基、可口可乐和百事可乐之间互相竞争又良性快速发展，都是非常值得我们学习的。

因此，在茶叶门店中，如果顾客提及竞争对手，导购没必要去深究这句话背后的原因，因为导购工作的本质是引导顾客购买茶叶，最终实现门店、公司和自己的目标。所以一旦顾客拿自己与××品牌对比，导购的处理方法是（如果修养还不够的话，先暗中深吸 3 口气，以做到心平气和）：首先认同顾客的观点，称赞竞争品牌；其次强调自己的优点和不同之处；最后用真诚与专业获取顾客的认可。

金牌导购语言一

导购：先生，您真有眼光，××是个不错的品牌，也是我们学习的对象。先生，能否请教一下，您觉得××品牌哪些地方比较吸引您？

导购：（顾客说出竞争品牌的优点后）是的，刚才您说的几点确实是铁观音的特点（将竞争品牌优势转化为行业特点），我们这些方面也做得不错，有很多回头客都这样说。只是因为我们推广方式的原因，让您以前没怎么关注我们，这都是我们的错。不过，没关系，您今天光临我们店，刚好有了让我向您详细介绍的机会。来，我为您详细介绍。

金牌导购语言二

导购：××品牌一直是很多喜欢清香口感顾客的选择，口碑非常不错。其实我们这两个品牌定位差不多，只是主销茶叶口感不一样，我们的主销口感是浓香型。所以，我觉得您可以试喝一下我们的茶叶，很多顾客都是在试喝后喜欢上我们的品牌的，来这边请，我泡给您喝。

小知识

绿茶与枸杞不能同饮

绿茶和枸杞都可以分别用开水冲泡饮用，对人体很有益处，所以，很多人干脆就把它们放在一起冲泡。但是，绿茶里所含的大量鞣酸具有收敛吸附的作用，会吸附枸杞中的微量元素，生成人体难以吸收的物质。专家建议：上午喝绿茶，以开胃、醒神；下午泡饮枸杞，可以改善体质，利安眠。

销售场景23

什么品牌茶叶，真空包装都是漏气的

场景分析

真空包装(茶叶的内袋)漏气就有点像食品行业的包装破损,会使产品失去应有的口感甚至变质。顾客反映这个问题,一般是不会无中生有的,肯定是我们的茶叶真空包装出了问题。

“先生,您可是第一位说真空包装漏气的”,潜台词是顾客是来找碴儿的,这样的话让顾客听了感觉很不舒服,走了,门店也就失去了一位顾客。

“哦,是有部分真空包装漏气”,承认真空包装有问题,但从顾客角度来看,是这家茶叶的质量有问题。

金牌导购秘籍

勇于并有技巧地承担责任将获得顾客尊重。

导购策略

茶叶的生产过程中有道工序是真空包装,在这个生产过程中因真空袋在成型中出现问题、装茶叶的罐子设计不合理或者压缩对位不准等原因都可能造成真空包装漏气的现象。如果导购遇到顾客反映因真空包装漏气而影响茶叶品质的时候，要勇于承担责任，如给顾客更换不漏气的茶叶，然后解释为什么会漏气。在这方面，海尔应该是我们学习的榜样。海尔通过真诚的服务解决因产品品质量带来的顾客不信任，并且把解决顾客因产品质量产生的异议作为与顾客沟通的良好机会，非常高明地给顾客灌输了"真诚服务到永远"的品牌理念。

金牌导购语言一

导购：张先生，您的运气可以去买彩票了，因为公司有统计过，在10000包茶叶中有1包是会漏气的，这样的概率都能被您遇到。

张先生，来，我为您换茶叶吧！今天，想喝什么口感的茶叶呢？

金牌导购语言二

导购：张先生，非常对不起，我们昨天刚接到公司的通知，说上批次的茶叶因为茶叶罐设计不合理，导致真空包装漏气，因此如果有漏气的反馈，必须做到为顾客更换茶叶并给顾客道歉。没想到，今天您就来了。张先生，您请来这边喝茶，我去为您更换茶叶。

小知识

早上刚起床不宜喝茶

早上刚起床，适宜喝温开水，唤醒身体，补充水分。让五脏知道主人已经起床，人的机体开始恢复运转，这样有利于身体健康，此时的温开水会给身体指引一条轻缓苏醒的路。

早上空腹之时不要立即饮茶，因为茶叶中含有咖啡因等物质，空腹饮茶易使肠道吸收过多的咖啡因，某些人甚至会产生一时性肾上腺皮质功能亢进症状，如心慌、头昏、手脚无力、心神恍惚等。不经常喝茶的人清晨空腹喝浓茶，更容易出现上述症状。

销售场景24

先别急着开单，我能再喝下另外一款茶叶吗

场景分析

当顾客提出再品尝另外一款茶叶以制止导购开单时，潜在原因可能是顾客对导购推荐的茶叶在价格、口感方面存有疑虑，也有可能是还没认可导购的服务。

从消费者分析，这类型的顾客是理性型的，做出购买决定非常谨慎，不容易冲动购物，他们只有在完全接受茶叶或服务的时候才能心甘情愿地掏钱买单。

“先生，我觉得这款茶叶挺适合您的，不用再考虑了吧”，就如同在服装店买衣服一样，只要顾客一试穿，导购就说这款衣服就是为您量身定制的一样，语言过于肯定，给顾客的感觉是被强制推销了，一旦有了这种想法，顾客购买行为就会终止。

“茶叶，大家都差不多”，应该说同类别的茶叶从茶农或者产地出来的时候除了气候因素造成的不一样外，其他确实是差不多的，但是不同企业生产过程的火候掌握和工艺等都不一样，最后茶叶的口感、香味是会有差别的，而且每个品牌文化都不一样。

金牌导购秘籍

顾客心存疑虑，是导购服务没到位。

导购策略

最后成交的环节被顾客制止了，对于导购来说，应该先找原因，自己介绍不够清楚？还是顾客不认可自己的服务？抑或是顾客对价格、品牌有疑虑？对此，导购可以通过技巧性的提问去探询顾客的真实想法，然后逐一攻破顾客的想法或疑虑，最后争取成交。

金牌导购语言一

导购：肖总，没问题，我泡另外一款茶叶给您喝。不过，我能向您请教一个问题吗？您想再试喝另外一款茶叶，是因为这款茶叶的口感不适合您，还是其他因素？您都可以告诉我，因为顾客的建议是我们进步的基础。（积极探询顾客真实想法）

金牌导购语言二

导购：肖总，刚才您选的这款茶叶是我们店最畅销的三款之一，您知道为什么那么多顾客选择吗？（以好奇心引导顾客）

金牌导购语言三

导购：肖总，您真是位对生活要求非常高的人，不轻易接受尚有疑虑的产品。前天，我也接待了一位像您这样的顾客，他也和您一样，刚开始比较犹豫，经过沟通，他告诉我的原因是听朋友说“这款茶叶有真空包装漏气的现象”，我仔细地解释了这件事，并告诉他真空包装漏气的原因，最后他非常高兴地买了我们的茶叶。肖总，您能把顾虑告诉我吗？我一定会帮您解决的。（用案例引导顾客）

小知识

水质对泡茶有影响吗?

水的种类很多，性质是不同的，各种水因所含溶解物质的不同，对泡出茶汤品质的影响也不同。茶具有天然、纯正的特点，如果用水不当会带来很多喝茶的遗憾。

陆羽的《茶经》中说："其水用山水上，江水中，井水下。其山水，拣乳泉，石池，漫流者上，其瀑涌湍激勿食之……其江水取去人远者，井取汲多者。"这说明用泉水泡茶最好，泉水要慢慢流出，而且含钙和镁化合物最少的是最好的泉水。江水泡茶一般是不理想的，井水又不如江水。至于雨水，一般比较纯。但下雨的时间不同，水质也不同，秋雨为上，梅雨次之，雷雨最差。(出自《茶叶审评》)

销售场景25

其他品牌打完折都有茶点送，为什么你们没有

场景分析

消费者的购买心理，永远都是希望用最少的钱获得需要的产品，或者用同样的钱获得更多的产品。某茶企在春节时针对主销茶叶做了一次促销活动，销量大幅增加，但是春节后，这款主销茶叶不再畅销。因为促销是把双刃剑，如果产品产生促销依赖性后，会出现有促销，销量快速提升；促销一停，销量立马下跌的现象。同时，顾客总喜欢比较不同品牌的促销力度，以获得价值最大化。

“他们的茶叶定价比我们高，羊毛出在羊身上”，诋毁竞争对手的同时也会让顾客对品牌、门店有不良印象，因为一个靠诋毁竞争对手来抬高自己的导购或品牌是得不到尊重的。

金牌导购秘籍

诋毁竞争对手就是诋毁自己。

导购策略

顾客其实不是想买便宜，而是想占便宜，也就是花同样的钱获得更多的

产品。因此，顾客最喜欢的就是拿其他品牌来比较。

金牌导购面对这样的场景总是能让顾客愉快地掏钱买单，其秘籍在于首先拉近与顾客的心理距离，方法是认可或赞美顾客提及的品牌；其次从每个品牌的营销方式和营销策略入手分析，让顾客明白“打折后不送赠品”和“打折送赠品”都是让顾客占便宜，只是销售方法不一样。

金牌导购语言一

导购：张总，您说的这种情况还真有，而且这样的情况我也遇到过，上周我和朋友去一家服装店买衣服，结果发现相邻的两家店，一家打完折后送赠品，一家只打折，但是奇怪的是只打折的那家生意明显好很多。刚开始我也觉得很奇怪，后来我私下去问一位在只打折门店买衣服的大姐才知道，没送赠品的服装店打折的是应季服装。

顾客：嗯。

导购：喝茶也一样，关键是口感适合自己，赠品只是附赠的小礼品，您说对吗？张总！（用自己的真实案例来说服顾客）

金牌导购语言二

导购：张总，刚才您说的××茶叶最近确实推出了“打折送赠品”的活动，我们也给公司做了汇报（关注竞争对手是导购的职责之一），公司经过研究后通知“我们只能打折”，原因是现在的茶叶都在以大众化消费为主，而大众化的茶叶利润低，而对于企业或商家来说追求的是利润的合理化。

所以，非常抱歉！但我想您和很多老顾客一样，肯定不会为了一个赠品而放弃一个品质优秀的品牌！

小知识

喝茶真的会醉吗?

茶叶中含有复合多糖、儿茶素类物质，其为降血糖的有效水溶性组分，当空腹饮茶时，因为人体血糖本来就低，再摄入复合多糖、儿茶素类物质，人的血糖就会进一步降低，从而引发头晕、心慌、手脚无力、心神恍惚等症状，即所谓的“茶醉”。

解除“茶醉”，可以吃一些食品或点心。

第三章

茶叶价格典型障碍破解

在传统茶叶营销模式中，终端是临门一脚，终端销售人员的能力是关键因素之一，《茶叶应该这样卖》就是一本能真正帮助他们提升销售能力的书。

理想茶业有限公司董事长　郑文巧

销售场景26

顾客对茶叶很满意，可一听到价格就不买了

场景分析

茶叶终端的消费者购买茶叶的动机有四种，为单位或者领导购买、送人、自己喝和收藏。送人或者为单位购买，价格的敏感度相对于自己喝会低得多，而且价格敏感度高的往往是女性消费者，而茶叶的消费者中，女性消费者是比较少的。因此，对于茶叶导购来说，听到价格就不买了的顾客仅是小部分。

"您真的想买吗？我可以向店长申请打点折"，没有了解顾客的价格抗议点，就提出非针对性的建议，无助于销售。

"谢谢光临，慢走"，引导顾客消费结束，非积极作为。

金牌导购秘籍

积极的引导行为才有利于成交。

导购策略

导购的工作目标是"实现和提升门店业绩"，工作原则是"努力做自己应

该做的并且顾客也希望我们去做的事情”。

因此对于价格问题，导购首先应该判断出顾客的消费动机和消费水平，进而真诚询问顾客离开的原因，如果确实是价格的原因，导购应该引导顾客购买价格稍低但包装和口感相似的茶叶，如引导顾客购买商务茶。如非价格因素，则要对症下药，继续引导顾客。

金牌导购语言一

导购：（无法知道顾客离店的真实原因）先生，我看您挺喜欢喝5年的白茶，但我想请您留步，您不购买的原因是不是我介绍得不清楚，请您告诉我，让我以后不再犯同样的错误，衷心谢谢您。（探询真实原因以针对性处理）

金牌导购语言二

导购：（感觉顾客是想购买家庭或者办公室日常用茶）这位先生，请稍等，我发现您很喜欢喝这种口感的普洱，刚好，我们店还有一款去年的，口感和刚才喝的这款接近，但价格更实惠，来，我泡给您喝下！

小知识

绿茶的功效

1. 有助于延缓衰老，茶多酚具有很强的抗氧化性和生理活性，是人体自由基的清除剂。

2. 有助于抑制心血管疾病，茶多酚对人体脂肪代谢有着重要作用。

3. 有助于预防和抗癌、抑制和抵抗病毒菌，茶多酚有较强的收敛作用，对病原菌、病毒有明显的抑制和杀灭作用，对消炎止泻有明显效果。

4. 有助于降脂助消化、护齿明目和利尿解乏。

5. 有助于提神醒脑。

销售场景27

价格有点贵，有优惠吗

场景分析

顾客喝茶后，向导购询问茶叶价格，导购报价后，顾客提出价格有点高，问有没优惠？这里面隐含的信息包括顾客觉得茶叶与价格不相符、价格超出了顾客的预算、顾客试探茶叶销售政策和顾客本能的反应。

“对不起，我们的价格是全国统一的，不打折”，这句话顾客听起来，感觉没有人情味，而且把责任推给了公司或者老板。

“价格没有优惠，但是我可以送你包厢使用券”，这句话顾客接受的前提是有使用包厢的需求，对于没有包厢使用需求的顾客来说，没有任何吸引力。

金牌导购秘籍

产品价格是产品价值的体现。

导购策略

在引导销售的过程中，报价的基础是顾客充分了解商品的价值，否则宁可不报价，因为顾客只知道价格不了解价值，容易让双方陷入价格的争议中。

因此当顾客询问茶叶的价格时，导购首先要避免直接报价，然后详细向顾客介绍茶叶的口感、独特的卖点等，以让顾客充分了解茶叶的价值，明白产品贵的原因，进而相信物超所值。

金牌导购语言一

导购：（产品卖点引导顾客）先生，是的，正如您所说，这款茶叶的价格相对来说较贵，但是这款茶叶是我们店里销售最好的3款茶叶之一，您知道为什么吗？（引起顾客的好奇心，趁机将话题转移到产品介绍）

金牌导购语言二

导购：（价值导向说服）先生，您说得很对，这款茶叶是有点贵，不过它贵是有理由的。因为这款茶叶是我们公司推出的航天用茶。它有两个特点，一是其原料精选于北纬30度黄金产茶区出产的最优质的有机原料；二是在白沙溪人七十余年的制茶经验指导下精制而成，严格保证每一片茶都能达到安化黑茶最高水准。（注：不要直接回答问题，强调价值）

正因为此，这款茶叶本身的生产成本就非常高，但是为了能让大部分支持我们品牌的顾客能买得起这款茶叶，公司把价格定得比其他产品稍微高点，这样大家就都能买了。

小知识

红茶的功效

1. 利尿功效

在红茶中的咖啡因和芳香物质联合作用下，增加肾脏的血流量，提高肾小球过滤率，扩张肾微血管，并抑制肾小管对水的再吸收，促成尿量增加。

2. 消炎杀菌功效

红茶中的多酚类化合物具有消炎的效果，经由实验发现，儿茶素类能与单细胞的细菌结合，使蛋白质凝固沉淀，借此抑制和消灭病原菌。

3. 解毒功效

据实验证明，红茶中的茶多碱能吸附重金属和生物碱，并沉淀分解，这对饮水和食品受到工业污染的现代人而言，是福音。

4. 提神消疲功效

经由医学实验发现，红茶中的咖啡因借由刺激大脑皮质来兴奋神经中枢，促成提神、思考力集中，进而使思维反应更形敏锐，记忆力增强。

5. 生津清热功效

销售场景28

8.8折，优惠太少了，能不能再优惠点

场景分析

顾客的共同心理是为自己争取最优惠的价格，因为商家少一元利润，自己就少花一元钱。但是，据权威市场研究机构的研究结果"消费者不会购买随便降价或经常降价的品牌，因为这样的品牌没有安全感"。

"我也非常想做成您的生意，可是折扣是公司规定的，我们没有权利哦"，拿公司或门店当挡箭牌，把责任推卸给公司或门店老板，顾客会感觉导购没有担当。

"您等下，我去请示"，让顾客感觉该茶叶店的价格水分多，产品定价高。

"暂时还没有更低的折扣"，给顾客感觉这款茶叶还会有降价的空间，打击了顾客即时购买欲望。

金牌导购秘籍

不轻易降价和打折的品牌才是顾客期待的品牌。

导购策略

导购属于一线销售人员，销售人员最容易犯的错误就是认同顾客的观

点,特别是优惠力度或折扣方面。因而,茶叶导购也不可避免地有这样的心理“自家的茶叶优惠幅度小,如果优惠幅度大点,茶叶就会卖得更好”。

事实上,大部分顾客最担心的就是导购随随便便地降价或打折,因为在顾客看来,商家永远都是追求利益最大化的,绝不会做赔本生意。如果导购随意给顾客降价或是让他享受更优惠的折扣,顾客会因此怀疑商品价格是否合理、商家的利润是否非常高。

因此导购要分析顾客购茶的动机,并以此为说服点通过专业知识和优质服务,以及对顾客高度负责任的态度来回绝顾客再打点折的要求。如果顾客还是坚持要让价,说明顾客希望成交的价位比折扣要低,这时导购应该尝试在不让价的情况下还有没有其他达成交易的可能方式,如赠品等。

金牌导购语言一

导购:(无法知道顾客的消费动机)先生,您的想法我能理解,不过您先看看这款茶叶是否适合?我相信您买茶叶是为了解决自己日常喝或者送人的需求,如果这款茶叶不适合您,就算我再低的价钱卖给您,您也会觉得贵的。

金牌导购语言二

导购:(假设导购的底线是8.8折)张先生,我非常理解您的心情,从我的角度来说是非常想做成您这单生意的。不过因为价格是老板统一规定的,我真的没办法再给您更多折扣了,实在抱歉。其实,看得出来,您挺喜欢这款茶叶的口感和香味,买茶叶最关键的也就是自己喜欢,否则再便宜您也不会买的,您说对吗?

金牌导购语言三

导购：张先生，有许多像您这样非常喜欢我们这款茶叶的顾客，是的，我们的茶叶无论是收购还是加工都有自己的标准，以确保茶叶的品质。但是非常抱歉，我们的折扣是全国统一的，即使我自己支付“给您的折扣和公司规定折扣间的差价”，公司都不允许我们卖的。您看这样好吗？这几天刚好总部配送的几套赠品还剩下1套，我向店长申请赠送给您。

小知识

白茶的功效

白茶功效具有三抗（抗辐射、抗氧化、抗肿瘤）和三降（降血压、降血脂、降血糖）的保健功效，同时还有养心、养肝、养目、养神、养气、养颜的养身功效。原产地的百姓自古就有用白茶下火清热毒消炎症、发汗去湿舒滞避暑、治风火牙疼高烧麻疹等杂疾。

销售场景29

价格太高了，超出了我的预算

场景分析

进茶叶门店的顾客按照消费档次为高端消费者、中端消费者和低端消费者;按照消费动机分为自己喝、收藏、送人和为公司购买。分析消费档次和消费动机后发现,说“价格太高了,超出了我的预算”的顾客从消费档次来说属于中低消费者,从消费动机来说以自己喝为主。这类型顾客对价格比较敏感,并且在购买东西之前往往会在心里做好预算,但是大多数情况下,顾客看中的产品都会超出其预期价格,这时顾客就会发出“产品价格太贵,超出我的预算”的异议。不过,现实中因为超出预算而没有成交的案例并不多。

“价格都是公司规定的,这款茶叶就那么多钱”,把责任推卸给公司,语气强硬,如果是敏感型顾客,会感觉到导购在蔑视自己,容易引起顾客反感。

金牌导购秘籍

合理的超出预算并不妨碍顾客购买。

导购策略

如果提出这个问题的顾客属于低端的或家庭型消费者,导购应该迅速判断出茶叶价格确实超出了顾客的预算，这时导购应该选择推荐口感相似但价格相对便宜的茶叶，如商务茶等，同时调整销售策略，改变思路，这样能提高顾客的购买概率。

如果顾客不属于价格敏感型，即消费水平或消费动机都不以“价格决定购买”，导购则应该强调茶叶的价值，并利用这类顾客的虚荣心来鼓动顾客购买。

金牌导购语言一

导购：（针对价格敏感型顾客）先生，我不知道说得对不对？如果是家庭或办公室日常喝，我不建议您买这款茶叶，因为它是专为送礼设计的，（取来商务茶）这款茶叶口感和那款茶叶是一样的，只是包装不一样。我觉得这款更适合您，您认为呢？

金牌导购语言二

导购：（针对以此为讨价还价的顾客）先生，您说得很对，我们这款茶叶的价格可能会比您的预算高点，但是这款茶叶是专门为纪念×××而设计的，作为×××指定产品，在价值上与其他茶叶是不一样的。对于您来说，价格略高点肯定不是问题，关键是这款茶叶第一适合您，第二能带给您不同的意义。

金牌导购语言三

导购：（如果看到顾客开的是高端车）先生，从您的座驾就知道您是位有品位、生活质量很高的人（体现导购的服务细心）。对于像您这样的顾客，选择的物品也一定要符合自己的品位，而我们这款茶叶是专为有品位的高端人士设计的（利用顾客虚荣心）。来，您就不用犹豫了，我拿去前台帮您打包吧！

小知识

黑茶的功效

黑茶属于后发酵茶，其独特的加工过程，尤其是微生物的参与使其具有特殊的中医药理功效，其富含茶多糖类化合物被医学界认为可以调节体内糖代谢（防止糖尿病）、降血脂、血压、抗血凝、血栓、提高机体免疫力。临床有止渴、抗辐射、抗癌、防癌、助醒酒、促进消化、减肥、延缓衰老、降胆固醇等作用。

黑茶汤色的主要成分是茶黄素与茶红素，研究结果表明，茶黄素不仅是一种有效的自由基清除剂和抗氧化剂，而且具有抗癌、抗突变、抑菌抗病毒、改善和治疗心脑血管疾病、治疗糖尿病等多种生理功能。

销售场景30

这款茶叶(同品牌同款),前几天,我在 ×× 地方以 ××元(接近进货价)买到,你们的价格太高了

场景分析

同一品牌,同款茶叶,终端零售价格相差太多。第一种情况,是公司价格管控缺失,典型的产品价格凌乱;第二种情况,则是原有的合作伙伴终止合作,为了清理库存,把产品变为现金;第三种情况,就是品牌被仿冒了。

"我们的价格都是全国统一的零售价,如果你是 VIP 客户,就可以享受 8.8 折的优惠,不好意思,你想要的价格我们专卖店做不到",后半句话让顾客感觉不爽,成交概率低。

金牌导购秘籍

坚持既定价格,赢取顾客尊重。

导购策略

在门店销售中,出现零售价格相差太多的情况时,无论对导购、店长或经销商都是一个非常头痛的问题,同时肯定也无法满足顾客对于价格的需

求。对此，既然无法满足，就不满足。

其实，即使导购请示店长，以顾客希望的价格或者略高于顾客希望的价格把茶叶卖给顾客，顾客也不会领情，反而会认为这个品牌不是个好品牌，价格混乱，利润高。

解决方法，第一恭喜顾客遇到了好机遇，第二从茶叶零售价格组成比例，引导顾客对低价格的茶叶产生疑问“买的茶叶或许是仿冒的”，第三坚守价格，获取顾客尊重，也引导顾客对于品牌茶叶的认知。

金牌导购语言一

导购：李先生，您真是太幸运了，我销售这个品牌茶叶已经 5 年了，第一次听顾客说，能以这么低的价格买到这款茶叶。其实，现在茶叶已经从高端礼品转为大众饮品，零售的利润非常低，不瞒您说，有时候一斤茶叶，赚的钱还不到 10 元。所以，您说的价格，非常抱歉，真的无法卖给您。

金牌导购语言二

导购：李先生，您一看就是一位人缘非常好的人，因此我非常相信您在买茶的地方有很好的朋友，按接近进货的价格卖给您，不过，您得到的不是便宜，是一份很厚重的人情，这很宝贵，但做生意买卖东西，人情有一次两次就够了，大多数还是要讲究价格与价值的对等，您说是吗？

小知识

黄茶的功效

黄茶是沤茶，在沤的过程中，会产生大量的消化酶，对脾胃最有好处，消化不良，食欲不振、懒动肥胖、都可饮而化之。而温州黄汤能更好发挥黄茶原茶的功能，温州黄汤能穿入脂肪细胞，使脂肪细胞在消化酶的作用下恢复代谢功能，将脂肪化除。

黄茶中富含茶多酚、氨基酸、可溶糖、维生素等丰富营养物质，对预防食道癌有明显功效。此外，黄茶鲜叶中天然物质保留有85%以上，而这些物质对防癌、抗癌、杀菌、消炎均有特殊效果，为其他茶叶所不及。

销售场景31

不打折？ 一线品牌都打折呢，你们为什么不打折

场景分析

“不打折，不二价”似乎已经是很多茶企或者茶店的营销策略，日春茶叶“真不二价”也让自己与众不同，但是，顾客的认可是最重要的，这需要导购技巧性地进行阐述。

“这是公司规定的，我们也没办法”，让顾客感觉到导购的无奈，也无助于销售。

“我们的茶叶明码标价，从来不打折”，过于强势，对于顾客来说，你不打折，我就不买你的茶叶，现在可以选择的茶叶品牌也不少。

金牌导购秘籍

换个角度，成功就会属于你。

导购策略

在门店销售中，有时候遇到问题不一定非得从正面去攻克，就像战争中

抢夺战略高地，正面攻击付出了很大的代价，敌人依然阻挡在前方，然后指挥官调整部署，改为从背后或侧面攻击，很快就拿下最高地并赢得战斗。因此茶店销售遇到问题，正面回答可能会影响销售时，导购不妨换个角度。

在本销售场景中，导购应该先认同顾客的想法，然后从营销策略来解释为什么不打折，解释不打折其实是为顾客利益着想，以获得顾客理解进而引导顾客。最后，导购也可以从赠品的角度促进顾客的购买。

金牌导购语言一

导购：王总，我能理解您的想法。其实每个公司打折都有它自己的原因，比如新茶上市、店庆等。“责任感”是我们品牌的使命，茶叶定价原则是“实在、对顾客负责任”，这决定了我们的价格全国市场是统一的，也不会轻易打折，因此每个顾客不管何时到我们品牌的门店，价格都是一样的，更不用担心价格不统一带来的利益受损。

金牌导购语言二

导购：王总，曾经我也有和您类似的想法，不过后来公司培训的时候，阐述了营销定位，我感受到公司对顾客的使命是“高品质、不打折”。

王总，您看这样好吗，茶叶我先为您包装好，等下，我向店长申请新到的一款礼品送给您。

小知识

青茶的功效

1. 瘦身减肥功效。中国医学研究者声明，青茶具有溶解脂肪的减肥效果，因为茶中的单宁酸能促进脂肪代谢。

2. 美容功效。临床试验证明，青茶能提高 SOD 酶的活性。

3. 降低胆固醇。临床试验证明，每天喝青茶，有抑制胆固醇上升的效果。

销售场景32

你直接把赠品换作折扣或现金抵给我吧

场景分析

有些顾客是非常实在的，他们会说："你直接把赠品换作折扣或现金抵给我吧"，但赠品是公司或门店为了回报顾客的一种积极的营销行为，它不同于直接降价，赠品往往是具有一定意义的，甚至是超值的。

"不好意思，公司规定赠品不能抵折扣"，表面上看是句非常实在的话，实际是把责任推给了老板或者公司。

"呵呵，如果都像您这样的话，我们要亏死了"，导购开玩笑的口气，却让顾客感觉导购在说自己属于那种特别抠门的人。

"赠品是赠送的，肯定不能抵现金"，口气太强硬，给顾客的感觉很不舒服。

金牌导购秘籍

消极的东西换个角度也可以是积极的。

导购策略

公司的赠品从营销角度来说，能够起到为品牌加分、增加产品附加值等功能，导购一定要明白赠品的作用和价值。同时对于顾客的一些不合理要求，导购一方面要给顾客面子，另一方面要牢记工作目标是达成销售，随时不忘记引导顾客朝着成交的方向前进。

对于本场景来说，导购应该解释清楚赠品与价格、赠品与茶叶的关系，渲染赠品的价值，强调茶叶的优点。

金牌导购语言一

导购：对不起，赵总，赠品是公司为了感谢顾客的购买，在正常销售的基础上额外回报顾客的，它的价值肯定超过折合的现金，就拿这款赠品来说，在市场上售价近100元，但因为我们是大量采购，所以今天才能送给您作为礼物。（解说赠品以引导顾客思维）

金牌导购语言二

导购：赵总，您的想法我能理解，如果可以把赠品换成现金，肯定茶叶价格会更实惠，不过，赠品如果换现金，按照公司的规定没多少钱，这样对您来说其实并不合算，而且这款赠品实用价值高，上周有个顾客也和您一样，想把赠品换成现金，不过最后经过我们解释，他还是选择要赠品。其实，购买茶叶关键是口感要适合，像这款茶叶……（述说优点）赠品只是起到锦上添花的作用，您说是不是？

小知识

陆羽与茶

陆羽（733—804 年），字鸿渐，季疵，一名疾，号竟陵子，桑苎翁，东冈子。唐复州竟陵（今湖北天门）人。陆羽精于茶道，因著世界第一部茶叶专著《茶经》而闻名于世，被后人称为“茶圣”。《茶经》是唐代和唐代以前有关茶叶科学和文化的系统总结，也是中国茶叶生产、茶叶文化历史的里程碑。

销售场景33

你们的茶叶很贵呀，能打几折呢

场景分析

顾客会站在自己的角度提出对茶叶、品牌、服务等方面的异议，但并不是顾客提出的异议都是正确的，导购也只能在自己的权限内满足顾客的需求，超出自己权限的需求是无法满足的，因此导购不可能满足顾客提出的所有要求。

既然不能满足顾客所有要求，导购就要学会适当对顾客说“不”，技巧性地拒绝不仅不会遭到顾客的异议，往往还能获得顾客的尊重与理解。

“公司的规定，暂时不打折”，暗示顾客有可能过一段时间会打折，这种说法第一不利于品牌形象的树立，第二会造成顾客做出“等打折的时候再来买”的决定，无益于门店业绩的完成。

“对不起，我们的茶叶从来不打折”之类的语言是在告诉顾客想打折门儿都没有，要谈折扣就走人。

金牌导购秘籍

积极地拒绝顾客能促进销售。

导购策略

用积极的方式来拒绝顾客，会收到意想不到的效果，所谓“积极的拒绝方式”就是采用认可或认同的方法，从另一个角度来拒绝。如“您的想法很正常，我可以理解”“这款茶叶确实贵了点”。然后使用“抱歉”“让我为难了”等语言拉近与顾客的心理距离，最后从茶叶的独特卖点、价格策略等方面去解释，以取得顾客的认同。

金牌导购语言一

导购：张总，这款茶叶确实稍微贵一点，不过价格略高是有道理的。因为我们的茶叶是1斤毛茶精挑选6两，而正常的茶叶是1斤毛茶挑选7两。再加上买茶叶也不能只看重折扣，优秀的品质且适合自己的口感才是最关键的，您说是吧？（阐明茶叶贵有所值）

金牌导购语言二

导购：张总，这一点确实很抱歉，公司的价格策略是保证顾客无论什么时候来我们店都不会出现同一款茶叶价格不一样的情况，因此除了偶尔有些优惠之外，我们都是执行公司政策“原价销售”，不过您也是老顾客了，为了感谢您的支持，我向店长申请一个新到的陶瓷杯给您，您看好吗？

小知识

白居易与茶

白居易（772—846），字乐天，晚年号香山居士，其祖籍为太原（今属山西），后来迁居陕西境内（今陕西渭南东北）。

白居易是唐代著名的现实主义诗人。他对自己的爱茶、烹茶技艺十分自信。“汤添勺水煎鱼眼，末下刀圭搅曲尘。不寄他人先寄我，应缘我是别茶人”“琴里知闻唯渌水，茶中故旧是蒙山”“鼻香茶熟后，腰暖日阳中。伴老琴长在，迎春酒不空”“醉对数丛红芍药，渴尝一碗绿昌明”。

销售场景34

过段时间会不会有比八折更低的折扣

场景分析

坐在车上,面对不让道的电动车或行人时,心里总在说“真没素质,车来了也不知道让”;但是走在路上,遇到车过来时,心里想的是“司机真没素质,都不知道先让行人过去”。这是“乘车效应”。消费者购物也有同样的效应,购物的时候希望价格是最低的,买完后希望价格能上涨或者至少不再降低。

“这个要看公司的政策”和“应该不可能,这个折扣已经很低了”,类似的说法给顾客的感觉是这个品牌有折扣更优惠的可能,从而延缓顾客做出购买决策的时间,最终很有可能导致顾客购买竞争品牌的茶叶。

金牌导购秘籍

不坚定的语言和行为无助于销售引导的推进。

导购策略

顾客购买产品时都有“买的时候希望价格最低,买完后希望价格坚挺或上涨”的心理,而且这种心理往往非常脆弱,导购一旦传递出折扣有降低的可能性或者引导话术及行为不够坚定时，将直接打击顾客的购买欲望，特别是不急着购茶的顾客。

对于顾客的这种心理，导购应该以积极坚定的语言传递给顾客信心，并运用限时等技巧让顾客坚信这个折扣不买就会错过机会或者后悔。处理技巧是首先用简短、肯定、明确的回答传递给顾客我们不降价的策略，以坚定顾客的购买信心，其次要消除顾客的疑虑，最后用积极的行为引导和激发顾客的购买欲望。

金牌导购语言一

导购：孙总，这一点您请放心，我们经营的是具有责任感的品牌，折扣策略的运用原则性强，绝对不会轻易乱打折。目前，黄山毛峰打八折也只是门店周年庆的回馈活动，还有三天就恢复原价了，所以这个时候购买是最好的时机，来，我为您打包吧。

金牌导购语言二

导购：孙总，这一点您放心，价格管控是我们品牌的竞争之道，因为实在、稳定的价格是对顾客负责的表现。

公司的内刊上曾经刊登过我们品牌创始人的一个故事，说他有次在某品牌服装店买了件衣服，质量和舒适感都非常好，但碰巧的是某次他再去这家店时，发现那款衣服折扣又低了，从此他再也没去买过这个品牌的衣服。

孙总，我相信您和大多数消费者一样，都不希望自己喜欢的品牌老是打折，而且一次比一次低，对吧？

小知识

朱熹与茶

朱熹是我国历史上一位百科全书式的人物。他博古通今，既是位严谨慎独的哲学家、教育家、思想家和政治家，也是位充满生活情趣的文人雅士，琴棋书画诗酒茶无所不涉，并能加以融会贯通。

朱熹到武夷山后，便对武夷茶情有独钟。他不仅品茶、论茶，还曾亲自参与种茶、制茶、煮茶、宴茶、斗茶、咏茶，乐在其中，并从武夷茶中领悟与获取了许多理学思想与文学灵感。他赋予了茶以广博的儒家文化特征，极大地丰富了武夷山茶文化的蕴涵。

朱熹对茶文化的贡献，不仅体现在理学上，其所作的茶诗，也是武夷山茶文化极重要的组成部分。

销售场景35

我是老顾客，应该给一个特别的折扣吧

场景分析

茶叶门店在销售过程中是否针对老顾客有特别的折扣，根据近15年营销经验和服务过多家大型企业的经历，个人认为除了公司推出的VIP卡优惠外，没有必要再去设定一个价格来优惠老顾客。

“我也想呀，可公司的规定我们改变不了”，自以为认可顾客的想法，顾客就会因同情而买单，事实上顾客的感觉是“你们公司的规定真不合理，连导购都这么想”。

“有比您买的还多的顾客，我们也是这个折扣”，意思是您的金额并不是最多的，别想以此来获取更多优惠。

“买再多也没办法给您优惠了，公司政策就是这样”，冷漠、拒人于千里之外。

金牌导购秘籍

迎合顾客虚荣心理，让顾客感受到尊重。

导购策略

老顾客或者大客户都有“我经常来买你们的茶叶，你们应该尊重我们”

的心理,因此面对门店人员往往就会提出“我是你们的老顾客,应该给我一个特别的折扣”的要求,其实在心理上这类型顾客并没有真的想要享受到更低或者更多的优惠,只是希望自己能被重视,是店面应该最受尊重的人。

对这一类型的顾客,导购应该迎合顾客的虚荣心理,让顾客感受到尊重,这样将有效提升引导的效果。方法是,首先感谢顾客对门店的支持,然后用赠品或者其他的方式来满足顾客的虚荣心,最后强调茶叶的特点来促进销售。

金牌导购语言一

导购:王总,非常感谢您对我们的支持,其实您也非常了解我们公司的使命,就是为顾客提供高品质的茶叶和服务,价格只有在店庆等特殊日子才会有点优惠,其他时候都是原价销售的。王总,作为消费者,最关心的肯定是茶叶的品质和商家服务,对吗?像这款茶叶是您经常喝的,口感和香味都是您非常喜欢的(转移问题,开始介绍茶叶)。

金牌导购语言二

导购:是的,王总,您是我们的老顾客,我都已经为您服务过 5 次了呢(详细说明服务次数,让顾客感觉导购是真的非常尊重他)。今天我还在想,您有段时间没来了,准备找个时间打电话邀请您过来品尝我们新到的两款茶叶,没想到您今天就来了。王总,这样好吗!为了感谢您对我们的支持,我申请一份有纪念价值的礼品赠送给您,我想您一定会喜欢的,您稍等(以赠品转移焦点)。

金牌导购语言三

导购:王总,非常感谢您的支持,昨天,我们去拜访一位自开店以来就一直购买我们茶叶的老顾客，他告诉了我们一个为什么坚持选择我们茶叶的秘密，就是“价格诚信”。其实这也是许多像您一样的老顾客会信任我们的根本原因，所以在价格上真的要请您多包涵了。不过，等下店长来了以后，我会请她下午向公司汇报的时候把您的建议上报给公司，如果公司针对老顾客有新的方案出台，我会第一时间与您联系，您看这样好吗？请问，您今天想要买什么样的茶叶呢（开始转移焦点到茶叶上去）？

小知识

如何选择茶点

选择茶点时要注意以下几点：

1. 性味相合

不同茶叶的茶性、茶味迥别，茶点的食性要与茶性相配，食味要与茶味相合，行家总结为“甜配绿，酸配红，瓜子配乌龙”。

2. 视觉相配

不同茶叶的茶形、茶色不同，需要搭配不同形状的食物。例如，龙井的茶汁清澈、轻盈，水晶饺是佳配，普洱的茶汁沉稳、厚重，搭配牛肉干最好不过。

茶类	茶点选择要点
绿茶	适宜搭配清鲜淡爽的茶点，如水煮花生、毛豆，淡盐水浸渍的各种豆类，清油酥点、甜点等
红茶	适合搭配苏打饼干或者带咸味、淡酸味的点心，如野酸枣糕、乌梅糕、蜜饯等，也可搭配一些蛋糕
普洱茶	适宜搭配口味较重的茶点，如牛肉干、肉脯、果脯、奶酪、奶皮子、奶渣等；或者含油脂较多的坚果，如椒盐花生、腰果、杏仁、核桃等
乌龙茶	适宜搭配低糖、低盐的茶点，如瓜子、花生、芸豆卷等

销售场景 36

如果公司采购，还能便宜多少

场景分析

茶叶店的顾客分三种，一种是自己喝的，另一种是替公司或者他人买的，还有一种是进来蹭茶喝的。替自己买的人，有时候为了试探导购价格是否能打折或者争取更低的折扣，会说我们公司经常采购茶叶，量也不少，您的价格能有多少优惠；替公司买的人，如果量大，他肯定会要求最大的优惠。导购一定要摸清楚顾客的真实购买意图，以采用相应的策略来应对。

"很多来我们这采购的公司也是这个价"，把话说死了，没有回旋余地，伤害顾客的积极性。

"你们公司采购一次有多少量"，顾客感觉"只要多买点，价格就会有更大的优惠"，提升了顾客的心理预期，结局可能收不了场。

"价格都好商量"，让顾客认为价格肯定是可以降的，因此拼命杀价。

金牌导购秘籍

购买行为其实就是顾客真实消费愿望的体现。

导购策略

"如果公司采购，还能便宜多少"，说这句话的顾客分为两种类型：一种类型是老顾客，这时导购应该根据顾客档案或顾客的购买频率以及客单价（顾客购买茶叶平均每次的价格）判断是否存在团购的可能性；另一种类型就是第一次进店的顾客，这需要导购在交流过程中判断真伪，但不能得罪顾客或让顾客产生不愉快的感觉。

处理这个问题，首先通过积极引导或者其他资料判断出顾客的真实需求，以确定沟通策略；其次确定顾客购买行为的真实性；最后采用贵宾（VIP）政策促进顾客成交。

金牌导购语言一

导购：（针对老顾客）张总，非常感谢您一直以来对我们的支持，也非常欢迎和希望您能介绍公司来购买我们的茶叶。是这样的，我们的茶叶价格和折扣都是全国统一的，也是公司规定的。不过，如果您介绍公司来购买我们的茶叶，金额达到规定时，我们会帮您公司申请团购客户政策，这样相对来说比较优惠，同时您为公司购买茶叶的金额我们也累积到您的 VIP 卡中享受积分政策。这样不但公司可以享受到优惠的折扣，您个人也可以参与积分和积分反馈活动。

金牌导购语言二

导购：（第一次进店顾客）张总，非常感谢您对我们的厚爱，我们的价格和折扣全国都是统一的，但如果您是为公司购买茶叶，我建议您成为我们的团购客户，团购客户的优惠就相对高点，就像××、××、××等大企业都是我们的团购客户，每个月在我们这里采购的茶叶都是 50 斤以上。贵公司如果成为我们的团购客户，享受的折扣和这些大企业是一样的。

小知识

酒后喝茶损害健康

很多人认为，酒后喝茶能够解酒，其实这样的做法是不利于健康的。

饮酒后，酒中乙醇通过胃肠道进入血液，在肝脏中转化为乙醛，乙醛转化为乙酸，乙酸再分解成二氧化碳和水排出。酒后饮茶时，茶中的茶碱迅速发挥利尿作用，促进尚未分解的乙醛过早地进入肾脏。乙醛对肾脏有较大的刺激作用，会影响肾功能，经常在酒后喝浓茶的人易患肾病。

不仅如此，酒中的乙醇对心血管的刺激性也非常大，茶同样具有刺激心脏的作用，两者共同作用，心脏承受的负担加倍，所以心脏病患者酒后喝茶危害更大。

销售场景37

我上次来买这款茶叶的时候还打折呢，怎么现在反而更贵了

场景分析

这句话传递出的信息是“顾客不是第一次进入门店，或者顾客已经在关注我们的品牌了，对这款茶叶的卖点和特点非常清楚，也基本上认可这款产品”。

“不可能的，这款茶叶我们从来没打过折”，是顾客记忆错误吗？其他人可以不信，但导购应该信，因为目的是引导购买。

“打折的应该不是这款茶叶吧”，这也是一句为竞争对手培养顾客的语言，因为导购的话让顾客感觉自己在撒谎，会引起顾客的不满。

金牌导购秘籍

老客户是财富，更易接受和理解导购行为。

导购策略

顾客提这样的问题，金牌导购第一反应是今天的销售又要多一单了，因

为顾客了解这款茶叶的卖点和特点,更容易达成共识。

具体方法是,第一,认同他的说法和感受,切不可否定顾客;第二,解释现在更贵了的原因,因为活动已经结束,按照公司规定恢复原价或正常的折扣,让他后悔当时没买或者没有多买;第三,在公司政策范围内作出适当让步,让顾客感到满足,促成销售。

金牌导购语言一

导购:(针对上次没有成交的顾客)吴总,您说的这种情况是存在的。前一段时间因为店庆有几款茶叶做过促销,不知道您说的是否是这款茶叶?

顾客:是的,我上次来的时候是这款茶叶在做促销。

导购:吴总,您先喝茶,我去前台查一下上个月店庆促销产品的记录(给顾客感觉导购做事非常认真)。

导购:吴总,不好意思,让您久等了,我查询的记录是这款茶叶没有做过促销活动。但是另外这款(拿出茶叶)确实上个月做过活动。

顾客:对,就是这款。

导购:这两款茶叶包装是一样的,只是这款是我们前段时间刚上市的新茶,您要是喜欢的话,我去向店长申请一下,争取给您一个优惠的价格,您看好吗?(暗示顾客该款茶叶是新产品,通常新茶是不打折扣的)

金牌导购语言二

导购:(针对上次有购买的顾客)吴总,您说的没错,上个月我们店举办周年庆客户回馈活动,有几款茶叶在做促销,您说的是这款吗?(认可顾客的说法)

顾客:是的,就是这款。

导购:实在不好意思,因为店庆活动结束了,这款茶叶的价格已经恢复原价销售了,您当时没多买 1 斤实在可惜了。(如果顾客有遗憾的感觉)吴

总，不过也没有关系，您也算是老顾客了，我去向店长申请一下，争取给您老顾客的优惠，您看好吗？（让顾客感觉导购为他着想）

金牌导购语言三

导购：吴总，您对我们的茶叶非常了解啊，这可是我们的荣幸。您说得没错，这款茶叶上个月因为店庆确实有八折优惠的。不过遗憾的是，现在活动已经结束了。（认可顾客的说法）

顾客：哦，活动这么快就结束了！我很爱喝这款茶叶，如果我多买两斤，还能给我八折优惠吗？

导购：吴总，看得出来，您非常喜欢我们这款茶叶，但是真的不好意思，八折是活动时的优惠，现在真的没办法按照那个价格给您了，就算我给您垫差价都不成。不过我也非常希望能把茶叶卖给您，要不我向店长申请送您一套茶具，您看好吗？（在不让价的情况下通过其他方式来促成交易）

小知识

喝茶后要及时漱口

经常喝茶对身体健康有利，草药茶、水果茶也被视为保健佳品，但在喝茶的同时不要忘记对牙齿的保护。

每一颗牙齿表面都覆盖着一层牙釉质，牙釉质是一种非常坚硬的物质，其硬度仅次于金刚石，是人体中最硬的组织，在自然界的物质硬度排名中名列第二。可牙釉质怕酸，牙釉质被磨耗酸蚀之后，牙本质暴露，暴露面积愈大，酸痛感越明显，牙釉质全部磨损后会发生牙髓疾病。研究人员对草药茶的酸度进行测试后发现，许多种草药茶的酸性都足以腐蚀牙釉质，所以喝茶后一定要及时漱口。

销售场景38

我是老板的朋友，你给我再优惠点，要不我打电话给老板

场景分析

在茶店中,茶叶的销售很大一部分靠老板的人脉,因此顾客中有不少老板的朋友。因而,说这句话的顾客可能还真认识老板,但既然是老板的朋友,他因为小幅度的优惠而打电话给老板的可能性非常小,除非团购。

“这个我还真的做不了主,您直接打电话给老板吧”,把麻烦推给老板,不仅打击了顾客的购买热情,还有可能招致顾客向老板投诉导购的服务。

“老板的朋友过来买茶叶都是这个折扣”,一句没有技术含量的话,不留余地,也让顾客感觉没受到应有的尊重,很没面子,自找没趣。

金牌导购秘籍

尊重顾客,委婉拒绝顾客不合理要求。

导购策略

面对这样的顾客,心理要明白越是老板的朋友越不会因为一点折扣轻易打电话给老板,他只不过是想炫耀一下老板朋友的身份,以满足虚荣心。

因此，导购首先要满足顾客虚荣心，然后委婉地坚持老板或者公司既定的销售政策，同时为顾客铺好台阶，使其能放下身段，自愿成交。

金牌导购语言一

导购：高总，您是我们老板的朋友啊，真是太好了。我们的销售政策中就有一条关于老板朋友购买茶叶的，所以价格方面您绝对放心吧，只要是老板的朋友，我们都是按照特别政策执行的。来，我帮您把这款茶叶包好。

金牌导购语言二

导购：高总，您真是让我为难了，如果老板接到您的电话，肯定认为我们的服务没有做好。其实老板同学朋友多，自己特别忙，所以每次开会，都特别强调只要是他的朋友来买茶叶，都按照“兄弟价”结算，绝对不可以跟普通顾客一样。来，我把茶叶为您打包好，好吗！（满足顾客的虚荣心，同时促进顾客成交）

小知识

普洱熟茶才是黑茶

普洱茶是由汉族茶农以云南省一定区域内的云南大叶种晒青茶为原料，采用特定工艺、经后发酵加工形成的散茶和紧压茶。

“后发酵”是将已制成的晒青茶，渥堆，洒水，再发酵，加速茶叶的后熟作用。

判断黑茶最重要的一个标准是，黑茶有一个后发酵环节。熟普洱茶的加工工序更加接近黑茶种类的评定，因此，一般将熟普归为六大茶类中的黑茶类。

销售场景39

与××品牌相比，你们的贵宾卡优惠太少了

场景分析

有一部分顾客自尊心和虚荣心都很强，总是希望自己在销售中能受到足够的重视，他们所提出的很多问题不是因为有疑问而提问题，而是故意刁难导购。

“不好意思，贵宾卡的相关优惠政策都是公司统一规定的”，导购属于活泼型性格，实话实说了，但没有了回旋余地，同时给顾客造成公司利润非常高的错觉。

“我们贵宾卡的折扣相比一线品牌已经优惠多了”，贬低竞争对手，挑起不同茶企之间的价格争议，无益于销售。

金牌导购秘籍

处理异议的态度比问题本身更重要。

导购策略

导购处理顾客异议最好的办法是良好的态度，争议或蔑视顾客都是在

为竞争对手培养消费者，因为顾客在门店最希望得到的是尊重。因此，导购首先应该以良好的服务态度和真诚的语言让顾客感受到尊重，降低顾客的抵触心理，满足其受尊重的需求，进而使用技巧性的语言弱化异议，逐步引导顾客达成销售。

金牌导购语言一

导购：张总，非常感谢您的支持，您这边先喝茶，我现在去向店长反映，以便能在今天下午的汇报时间把您的建议反映给公司。（让顾客感觉导购的专业和真诚）

导购：（向店长反馈完回来）不好意思，让您久等了，店长已经把您的反馈记录下来了，下午她会向总部汇报。同时店长也说她会建议公司针对像您这样的老顾客设计个性化的贵宾服务，哪怕不能体现在折扣上，也可以在其他方面给予优惠的增值服务。

顾客：你们真敬业。（表示满意门店的服务）

导购：张总，如果公司有相应的通知下来，我会第一时间通知您的。对了，请问您今天买茶叶是自己喝还是送人呢？

金牌导购语言二

导购：张总，非常感谢您的建议。您是我们店的老朋友了，也是为数不多的优质客户，您的建议我们会立即向公司反映，公司肯定会重视这件事，因为客户就是财富，特别是像您这样的优质客户（让顾客感受到尊重）。张总，再次感谢您对我们店的支持，请问您今天还是买上次那款瓜片吗？

小知识

抹茶不是磨碎的绿茶

抹茶是一种经特殊工艺制作的茶粉。抹茶粉是以遮阳茶做的碾茶为原料，越绿价值越高，相应的越绿制作难度就会越大。制作抹茶对茶叶品种、种植方法、种植区域、加工工艺、加工设备都有严格的要求。

抹茶是汉族人发明的，用天然石磨碾磨成超微粉状的、覆盖的、蒸青的绿茶。在绿茶采摘前10—30天进行覆盖遮阳、研磨。

销售场景40

顾客是内行，了解价格空间

场景分析

来专卖店买茶叶的消费者,有一部分是非常内行的顾客,他们对茶叶的种植、加工和文化的了解并不比导购少。内行的顾客可以分为专业人士(是茶行业的标准订定者或者参与者)、茶叶的爱好者(通过各种渠道了解茶叶)、经常喝茶的人(茶喝多了,对行业情况也就非常了解了)。还有一类顾客假装内行,目的是在购买过程中争取主动,主导和控制销售方向。

"您真是个精明的人",从导购口中说出来的这句话,给顾客的感觉不是褒奖而是讽刺。

"要是每个顾客都像您这样的话,我们门店就不用开了",潜台词是您不要再纠缠了,会影响我们做生意。

金牌导购秘籍

内行顾客更容易接受消费引导。

导购策略

换位思考,其实每个顾客购物时都喜欢让自己看起来非常内行,因为这样有利于获取最大的优惠。因此,导购面对扮演行家的顾客,首先要用“火眼金睛”(专业技巧)快速识别真与伪。在销售行为中,如果顾客能熟悉地说出行业内的主要品牌及主销茶叶,导购就应该分辨出顾客基本上是内行;而那些很少提及行业品牌,动辄说“我知道”“我了解”的顾客大多是假装内行。

其实,对于内行,首先要用赞美的话语认可他的专业,以有效减弱顾客的抵触心理;其次利用其对行业的了解来引导顾客,进而促成销售。对于非内行,也可以运用赞美的话语让顾客沾沾自喜,进而抓住其不了解行业的特点,把茶叶推荐给他,但切记要真诚,因为门店生意不是一次性买卖。

金牌导购语言一

导购:(对于内行)盖先生,能为您这样的行家服务真是我的荣幸,因为对我来说,是次很好的学习机会。

顾客(默认或用语言认可)。

导购:盖先生,其实您一看就知道,我们店的茶叶价格很实在,您说对吗?

金牌导购语言二

导购:(对于非内行)盖先生,您一看就是内行,这么清楚茶叶的价格。不过,我为很多的内行服务过,他们基本上都是选择这款茶叶的,回甘好,香味弥久,盖先生,您也来这款吧!

小知识

不同茶类适宜人群

茶类	茶性	适宜人群
绿茶	性寒	适合体质偏热、胃火旺者；绿茶有防辐射作用，非常适合经常在电脑前工作的人
白茶	性凉	适宜人群和绿茶相似，陈放的白茶有去邪扶正的功效
黄茶	性寒	适合消化不良、食欲不振、懒动肥胖者
青茶	性平	适合各类人群
红茶	性温	适合胃寒、手脚发凉、体弱、年龄偏大者，加牛奶、蜂蜜口味更好
黑茶	性温	适合抽烟、饮酒者和“三高”患者

第四章

服务典型障碍破解

移动互联网时代，茶叶逐步脱下了“礼品”的外衣，消费呈现碎片化的发展态势，零售技能成为茶叶销售人员的基本职业素养。那么，如何学习和掌握茶叶销售技巧呢？《茶叶应该这样卖》一书将带给你简单且颇具实战性的销售技巧。这是一本茶叶销售宝典。

广西茶业商会会长　陈朝明

销售场景41

哪类老顾客是销售提升的来源

场景分析

老顾客是茶馆茶店的宝贵资源,2015 年销售额高达 6000 万元的茶店,能取得如此傲人的业绩,第一是经营的茶叶品类是普洱茶,消费者购买时不按斤购买,而是按饼购买,更多的时候按件购买;第二是茶店经营 10 年,积累了数千位的顾客。

如果茶馆茶店需要提升销售业绩,应该向哪类型的顾客入手呢?也就是哪类顾客能够为特定时间销量贡献更大份额呢?

金牌导购秘籍

顾客分类是顾客维护的基础。

导购策略

茶馆茶店的顾客,需要有效的管理,需要进行分类,只有这样当门店需要做活动时,才会知道哪些顾客是重点对象,或者说方案设计时活动对象才会更精准。

茶馆茶店的顾客分类，按照购买金额和购买频率两个标准，分为大海顾客（购买金额高、购买频率高）、湖泊顾客（购买金额高、购买频率低）、小溪顾客（购买金额低、购买频率高）和滴水顾客（购买金额和购买频率都很低）。

在线下培训班时，我们对学员进行了调研，问题"如果下个月，茶店需要提高销量，应该找哪类顾客"，答案五花八门。从分类标准分析，要提高销量，需要从湖泊顾客和小溪顾客入手，因为大海顾客已经很难有提升余地，而滴水顾客难度大，湖泊顾客只需要提高购买频率，小溪顾客提高购买金额（客单价）就能实现销量提高。

金牌导购语言一

导购（湖泊顾客）：王总，感谢您一直以来对我们的支持！本月15—25日，我们店针对老顾客有个回馈活动，到时邀请您来店里喝茶，我也相信活动一定会让您大有收获的。（如果是顾客来门店喝茶，传递活动信息必须是顾客已经买单后，否则会影响当次消费）

金牌导购语言二

导购（小溪顾客）：王总，我能和您分享"我从事茶叶销售工作的小经验吗"，其实，这款茶叶配上××茶点会有更好的感觉。（针对顾客已经确认购买某款茶叶）

小知识

绿茶的制作工艺

绿茶分烘青、炒青两种。烘青绿茶初制工序有3道：杀青、揉捻和干燥。炒青绿茶初制工序有：鲜叶→杀青→揉捻→炒干。干燥方法和烘青绿茶相异，不是烘干，而是炒干。炒干是形成炒青绿茶特有的形状、色泽、香味的关键工序。

销售场景42

如何让顾客感觉自己的购买行为是对的

场景分析

十月怀胎，一个小生命最终诞生，但这只是一个生命的开始，他或她需要父母的精心呵护，还需要适应不同的环境，才能茁壮成长，长大成人、结婚生子，继续延续生命。销售也一样，成交只是销售的开始，要想把顾客变成老客户，还需要通过服务来维护。销售服务包括售前、售中和售后，但导购要么对于成交后的服务不够重视，要么不知道该怎么做，结果让顾客产生“真不该买的感觉”。

“慢走，欢迎再来”，职业味太浓，没有感激之情，让顾客感觉心冷。

“这是您的茶叶，请拿好”，让顾客感觉没有再待在店里的必要，换句话说就是导购在赶自己离开。

金牌导购秘籍

真正的销售从顾客买单开始。

导购策略

心理学认为，“顾客交钱的一瞬间是心理最脆弱的时候”，如果处理不好就特别容易出现顾客悔单现象。

因此,如果导购在顾客买单时或者买单后的态度有反差的话,会让顾客放弃购买行为,或者怀疑导购只是想把茶叶卖给自己以拿到销售奖金,心情马上就会非常失落,并且很有可能顾客不再走进这家门店购买茶叶。

正确的做法是,导购在顾客买单时或者买单后,都应适当地与顾客交流,比如告诉顾客公司最近的新闻或者公司与众不同的茶艺等,让顾客从心理上认可本次购买行为。在送顾客离开门店时,应该面带微笑,体贴热情地送顾客到门外或者车前,送客语言应该是“欢迎再来”“欢迎下次光临”等。

茶叶递给顾客的最佳时机是:如果顾客是开车,送顾客到泊车的位置,把茶叶放到顾客车上,并目送顾客驾车离开;如果顾客是走路或者搭乘其他交通工具,则把顾客送到门外,再把茶叶交给顾客。

金牌导购语言一

导购:张总,您真是一位对茶文化非常了解的人,与您沟通让我学到了很多与茶相关的知识。更感谢您选择我们品牌,期待再次为您服务,期待您的再次光临。

金牌导购语言二

导购:张总,您真有眼光,这款茶叶是我们店里 3 款主销茶叶之一,喝起来浓香味明显,许多顾客都选择这款茶叶。谢谢您的光临,欢迎下次再来。

小知识

红茶的制作工艺

红茶有小种红茶、工夫红茶和红碎茶等三种初制工艺：

1. 小种红茶初制工艺流程：鲜叶—萎凋—揉捻—发酵—过红锅—复揉—松柴烘干。如正山小种。

2. 工夫红茶初制工艺流程：鲜叶—萎凋—揉捻—发酵—烘干。如坦洋工夫、政和工夫、祁红、滇红、金骏眉、银骏眉等。

3. 红碎茶初制工艺流程：鲜叶—萎凋—揉捻—揉切—发酵—烘干。如阿萨姆红茶、大吉岭红茶、锡兰高地红茶等。

以上三类红茶的精制工艺比较相似，都是筛分、风选、飘筛、拣剔、复火、匀堆、包装等过程，目的都是为了分级别、定规格，去除茶梗、茶末和非茶类夹杂物以及多余的水分，进一步提升品质。

销售场景43

顾客不愿配合导购收集 VIP 资料

场景分析

VIP 卡,也叫贵宾卡,是茶店茶馆根据顾客的购买情况给予的一种比普通顾客能享受更多权利的身份证明,代表一种贵宾身份。VIP 卡也是茶店茶馆为了稳定客源,提升顾客忠诚度和促进再消费的一种常用经营手段。

VIP 卡可以通过一次性购买一定金额获得,也可以花一定费用直接办理,或者在一定期限内累计消费一定金额获得。因此,导购在成交后向顾客推荐 VIP 卡,可以达到为门店培养优质顾客的目的。

“您只要填下这个表格,其他的我来做就好了”,没有给顾客一个充分的理由。

“成为 VIP 卡贵宾顾客后可以享受到长期打折,非常优惠”,让顾客感觉 VIP 卡是打折卡,没有体现出其价值所在,没有吸引力。

“VIP 卡,是您尊贵身份的体现”,如果是顶级品牌或者一线品牌,顾客或许会认可,但如果二、三线品牌,则不适合。

金牌导购秘籍

顾客认可的是 VIP 卡的价值,而不是折扣。

导购策略

要让顾客接受一项服务或者产品，首先要让顾客知道这是什么（服务或者产品介绍），能带给他什么（利益或价值），让顾客产生必须获得的心理。

因此要让顾客乐意接受 VIP 卡，导购首先要将 VIP 卡办理和使用规则说清楚，让顾客了解 VIP 卡的实际功能；其次要充分展示 VIP 卡的价值感（包括直接获得折扣和各种贴身服务），让顾客产生拥有 VIP 卡是一种特殊的、无可替代的尊贵感。

同时顾客准备离开的瞬间，往往是销售能否促成或者服务能否继续的关键时刻，如果希望得到他们的配合，与他们交流一定要有诚意、热情、大方并带点压力，最佳的办法是“向顾客请教”，既能尊重顾客，又让顾客感受一种必须配合的压力。

金牌导购语言一

导购：（虚心请教，找出原因）钱先生，为了能让我们的服务更专业、更贴近顾客的需求，能否请教下，您对我们 VIP 卡的建议或者感觉不满意的地方是？谢谢。

导购：（针对顾客的回答，着重强调利益点）哦，钱先生，是这样的……

金牌导购语言二

导购：钱先生，看来您也是××（如正山小种、普洱、西湖龙井等）茶叶的爱好者，我建议您办一张 VIP 卡，这样您不仅可以在我们品牌的全国任何一家连锁店享受统一的折扣，还可以在每个月的 8 日享受正常折扣后的九折优惠，而且所有的消费金额都能积分，年底可以用积分换礼品。现在，您只要在这张登记表上填写个人资料（事先准备好 VIP 顾客资料登记表）就可以办理了。

金牌导购语言三

导购：钱先生，恭喜您，我刚才查看了您3个月的消费记录，显示您在我们店的消费金额累计已经超过3000元，根据公司规定，您成为我们的VIP顾客，将享受到VIP会员特有的优惠和服务，来，您填下VIP资料表，我马上为您办卡。

小知识

白茶的制作工艺

白茶的制作工艺，一般分为萎凋和干燥两道工序，而其关键是在于萎凋。

萎凋分为室内萎凋和室外日光萎凋两种。萎凋要根据气候灵活掌握，以春秋晴天或夏季不闷热的晴朗天气，采取室内萎凋或复式萎凋为佳。其精制工艺是在剔除梗、片、蜡叶、红张、暗张之后，以文火进行烘焙至足干，只宜以火香衬托茶香，待水分含量为4%～5%时，趁热装箱。白茶制法的特点是既不破坏酶的活性，又不促进氧化作用，且保持毫香显现，汤味鲜爽。

销售场景44

如何邀约老顾客来店

场景分析

经济新常态,茶业转型,茶馆茶店的表现之一是门店顾客减少,因此增加门店顾客就成为茶馆茶店盈利能力的一个关键指标。

盘活老顾客,提高老顾客邀约率,是一种有效增加门店顾客的方法之一。面对老顾客来门店的人数越来越少的现象,很多茶馆茶店都做了各种努力,但是效果远不如以前,问题出在哪儿?

"尊敬的贵宾,本周日××店最新春茶上市,特邀您前来品鉴""您好,我店将于××日举办老顾客特惠活动,特邀请您参加"等类似的邀请短信太商业化,缺少人性的关怀。

"张先生,记得下次再来",没有明确的指向,无效的邀约。

"张先生,有时间就过来泡茶吧",比前一种说法有了进步,但是没有告诉顾客为什么要来泡茶,没有利益点。

金牌导购秘籍

人性关怀比商业信息更有效。

导购策略

有研究结果表明,一个消费者平均每天记忆的广告条数为1.79条,而18.8%的消费者记不住任何的广告,能够记住1~3条的为46.6%。因此对新茶上市、优惠活动这类广告信息,消费者即使不拒绝,记住的也只有非常少的人。

首先,如果确实要以此类信息邀约顾客并达到效果的话,就应该让被邀请人感受尊重和尊贵身份,如强调该活动只有VIP顾客才可以参加,用词和语气简短、精炼,看起来感觉舒服,同时让顾客感觉到活动的价值。

其次,在客户维护中应该把“结果导向”转成“过程导向”,平时多与老顾客保持联系,为老顾客提供更多的贴心服务,维护好和老客户的关系。

最后,邀约电话或信息内容以为顾客提供增值服务为主,比如,举办理财知识讲座、顾客联谊会等。

金牌导购语言一

导购:尊敬的VIP顾客××先生,我们诚挚地邀请您参加本月8日著名的理财专家××在我店举办“理财讲座”,届时敬请光临!由于场地有限,该活动仅限我们尊贵的VIP会员!(增值邀约法)

金牌导购语言二

导购:尊敬的VIP会员××先生,为了感谢您对本品牌的长期支持,我店在本月5日举办2016年最后一场VIP会员顾客专场回馈活动(给顾客施加压力),您将得到今年最低的优惠折扣,欢迎您光临。(活动邀约法)

金牌导购语言三

导购: 张先生,春茶马上就要上市了,您如果要购买一些送人或者自己喝的话,周五不妨过来看看。(新品邀约法)

小知识

黑茶的制作工艺

黑茶的基本工艺流程是杀青、揉捻、渥堆、干燥。黑茶最具特色的工序是初制过程中的“渥堆”发酵工序以及“松柴明火”干燥工序。如果没有这两大工序,就不能称之为黑茶。大多数湖南黑茶现在仍然沿用传统的加工方法,技术性强,某些茶品的工艺世代沿袭,没有对外传授。在湖南黑茶的加工工序中,有很多细节是非常讲究的,如七星灶的烘烤法等。

销售场景45

老顾客特殊日子如何人性化问候

场景分析

在茶叶门店调研时，店长和导购谈到为老顾客服务时，普遍感受到压力，对于如何建立或提高顾客的忠诚度束手无策。

老顾客是门店的财富，也是门店80%销量的来源（另20%的销量来自散客和一次性客户），同时因为老客户的维护成本远远低于新客户的开发成本，因此，老客户的购买率是门店运营重要考核指标之一。

“尊敬的××先生，明天是您的生日，××品牌茶叶祝您生日快乐”，这类话过于平淡，没有亲切感，难以给顾客留下深刻印象。

金牌导购秘籍

老顾客是门店的财富，80%的销量来自20%的老顾客。

导购策略

针对老顾客的后期维护，导购要了解顾客最喜欢的联系方式和最方便的联系时间，以不打扰顾客工作和生活为原则。

对于顾客的联系方式，首选微信，其次为短信或邮件，再次为电话。微信，腾讯旗下的一款聊天产品，是目前最流行也是广泛使用的沟通方式，支持发送语音短信、视频、图片和文字，可以群聊。微信内容格式不宜采用信件格式（太死板），内容以知识型或者关怀型信息为主，不可以发送太商业化的信息，落款应该为专卖店或品牌名称。根据对消费者的研究表明，对顾客有用或者可以让顾客回味的信息能降低顾客的厌烦心理，并拉近与顾客的距离。比如，茶的鉴别等。

金牌导购语言一

导购：尊敬的贵宾×××先生，×月×日是您的生日，大业茗丰品牌茶叶店全体成员诚挚地祝您生日快乐。同时，为感谢您两年来的支持，您在当月可以凭此微信享受一次全店茶叶×折的特殊优惠，期待您的光临。

金牌导购语言二

导购：黄山毛峰的品饮，冲泡水温以80℃左右最合适，冲泡工具可以用玻璃杯或白瓷杯，正常情况下可续水2~3次。尊敬的贵宾××小姐，祝您元旦快乐！××品牌茶叶店。

小知识

黄茶的制作工艺

黄茶的品质特点是黄汤黄叶，制法特点主要是闷黄过程，利用高温杀青破坏酶的活性，其后多酚物质的氧化则是由于湿热作用引起，并产生一些有色物质。变色程度较轻的，是黄茶，程度重的，则形成了黑茶。其典型工艺流程是杀青、闷黄、干燥，而揉捻不是黄茶必不可少的工艺。

销售场景46

如何请求顾客转介绍新顾客

场景分析

老顾客介绍新顾客的方式是一种具有“成功率高、开发成本低、顾客质量高”特点的开拓方法，也是茶叶门店开拓客户常用的方法，因为消费者最容易接受没有利益关系的朋友介绍的产品或者服务，但是一般的顾客会嫌麻烦或是给朋友带来不方便而不愿意配合。

“您帮我介绍一位朋友，我就送您一份精美礼品”，让顾客感觉自己是贪小便宜的人，不仅无法让顾客介绍朋友，还有可能丢失顾客。

“您只需要给朋友打个电话就可以了，不会有麻烦的”，容易让顾客联想到此举可能带来的隐患。

金牌导购秘籍

顾客的顾虑是销售最大的阻力。

导购策略

导购要想让顾客同意转介绍朋友，最关键的就是打消顾客的顾虑。但顾客购买了茶叶,并不代表顾客就一定认可自己(品牌、服务或茶叶等),因此要想让顾客转介绍朋友,前提条件是认可率高,本身对品牌、茶叶或者服务还存在顾虑的顾客,不建议请他转介绍顾客。

转介绍,导购应该先了解顾客对公司茶叶或者服务等方面的真实评价,对于认同率高的顾客,从品牌、荣誉或公信力等方面来打消顾客疑虑,从而使其乐意转介绍朋友。

金牌导购语言一

导购:洪总,非常感谢您对我们店的支持,能否请您对我们品牌或服务做个简单评价?(获取顾客的认可)

顾客:总体还不错。

导购:非常感谢!洪总,看得出来您是一位生活非常有品位的成功人士,我想您肯定有很多和您一样事业成功、生活有品位的朋友,能否请您将他们介绍给我,让他们也和您一样能享受我们的优质服务呢?(适度赞美,提出转介绍要求)

顾客:这个,不太好吧,他们很怕人打扰的。

导购:洪总,这个您完全可以放心,我绝不会随意打扰您的朋友,因为尊重您的朋友也就是尊重您。我只是希望您的朋友有一个了解我们品牌和接受我们服务的机会。

顾客:那好吧,我有个姓张的朋友,也很喜欢喝普洱。(了解新顾客的基本资料)

金牌导购语言二

导购:洪总,您对铁观音的十八道茶艺非常熟悉,肯定是位铁观音的爱好者,您身边一定也有很多爱喝铁观音的朋友,您方便介绍给我认识吗,好让他们也能喝到我们优质的茶叶。

顾客：是的，我经常和很多朋友一起喝茶聊天，他们对铁观音也非常了解，我先给你其中一位张总的电话。

导购：太好了，他的联系电话是多少？洪总，要是方便的话，您也可以打个电话给他，请他来我们店里喝茶聊天。

小知识

青茶的制作工艺

青茶的制作特色是做青，也就是茶叶经过手工筛选后不断摇动，因而使叶片的边缘与其他叶片边缘互相碰撞而产生了酶性的氧化作用，所以出现了茶叶心青、茶叶边缘红的特点。所以青茶又有“绿叶红镶边”的美称。当做青适度时，立即用锅炒杀青的方法，迅速抑制茶叶的酶性氧化，形成杀青独特的品质特性。做青之后的茶叶需要靠揉和捻的方法，使茶叶缩卷成条形。

销售场景47

如何向顾客告知促销及活动事宜

场景分析

促销全称是销售促进，是营销4P要素之一（营销4P为产品、价格、渠道和促销，如果从消费者角度出发则是4C，即顾客、购买的成本、购买的方便性和沟通），目的是促进顾客购买以提升销量。对于茶叶门店来说，促销能增加门店集客力、吸引顾客和提升销售额。从对茶业成功案例的研究来看，茶店的促销分为产品导向和价值导向，产品导向如会员日活动、买茶叶送茶点和折扣等形式，但产品导向的促销，对顾客的吸引力越来越弱。

“赵先生，为了庆祝春节，下周开始我们店有买茶叶送茶点的活动”，对顾客吸引力不大。

“赵先生，下周三我们店开始周年庆了，到时候有很多优惠活动”，没有凸显周年庆的价值和顾客真正关注的重点，将一次非常好的提升销量的时机给浪费了。

金牌导购秘籍

渲染活动意义有效吸引顾客。

导购策略

促销活动的成功首先是方案策划,包括促销目的、促销主题、活动内容、促销对象、实施要素等一切细节;其次是活动的有效执行和监督。在门店促销活动中,导购是活动执行的主体,也是活动得以执行的核心要素。因此对于门店导购来说,首先是清晰地向促销活动的目标顾客告知活动的信息,告知时重点渲染活动的意义以吸引顾客。

金牌导购语言一

导购: 尊敬的 VIP 顾客赵总,下周二(28 日)是本月最后一次会员活动日也是春茶上市日,门店特举办"VIP 顾客春茶品鉴会",您不仅可以品鉴到今年的春茶,还将获得仅贵宾顾客才有的优惠。届时,敬请光临!

金牌导购语言二

导购: 尊敬的 VIP 顾客赵总,本月 15 日是您的生日,××品牌店全体员工祝您生日快乐!并请于本月 30 日参与本店举办的"VIP 顾客生日宴活动",本活动仅限本月生日的 VIP 顾客参与。届时,敬请光临,以度过一个不一样的夜晚。

小知识

欧阳修与茶

欧阳修（1007－1072），字永叔，号醉翁，晚号六一居士，吉州永丰（今属江西）人。北宋著名政治家、文学家，唐宋八大家之一。

欧阳修论茶的诗文不算多，但却很精彩。例如，他特别推崇修水的双井茶，有《双井茶》诗，详尽述及了双井茶的品质特点和茶与人品的关系：西江水清江石老，石上生茶如凤爪。穷腊不寒春气早，双井芽生先百草。

销售场景48

如何向顾客索要联系方式

场景分析

陌生顾客走进茶店，对于茶店来说，只要引导流程不错误，顾客坐下来喝茶，导购引导消费的成功率就可达到60%。在引导结束后，无论顾客是否当次产生消费，导购都需要想办法让顾客留下联系方式，因为对于曾经走进过门店的顾客来说，对品牌、产品、导购都已经有了初步的接触，有了初步的了解，有了初步的印象，再次联系或者交流时，熟悉感会油然而生（当然不希望顾客对门店产生的是厌恶感）。

因此，不管顾客消费与否，导购都要留下顾客的联系方式，这也是导购在接触顾客后的职责之一。

“先生，您的联系方式是多少呢，方便告诉我吗”，直接让顾客否定的话术，顾客直线思维“不方便”，导购就失败了。当然，相对于“没有索要顾客联系方式意识的导购”，这已经是进步了。

金牌导购秘籍

联系方式是顾客关系维系的纽带。

导购策略

导购需要留下顾客的联系方式，前提是顾客在门店的体验是愉悦的、开心的，否则难度就会比较大。

有些茶店或者茶馆的导购，潜意识中不是服务顾客，遇到顾客提出不同的观点或者异议时，潜意识或者无意识总想和顾客一辩高低，最终导购赢了，顾客走了，从此不再来了，而且把不愉快的经历告诉了身边的朋友，也正应了“失去的不是一棵树，而是一片森林”。

因此，在顾客有了愉悦的体验后，获取联系方式，最佳的办法是让顾客看到期望或者利益。

金牌导购语言一

导购（顾客没有购买茶叶）：李总，非常感谢您今天来我们店喝茶！据昨天店长会议透露，月底，公司会在部分区域做促销活动，到时，如果我们店也在促销活动的区域，我第一时间联系您！

顾客：好的！

导购：李总，那您的联系电话是多少呢？我存下！

金牌导购语言二

导购（顾客购买了茶叶送顾客离开时）：李总，这是您的茶叶，我帮您拿到车上！哎呀，李总，不好意思，忘记存您的手机号码了！请告诉下我您的联系方式，谢谢！

金牌导购语言三

导购(喝茶的时候看见顾客玩微信):李总,看来您也是个紧跟时代的人哦,玩微信已经成为我们生活中不可缺少的部分,来,我也加下李总的微信吧。

顾客:好的,你扫我的二维码吧。

导购(互加后):李总,您的手机号是多少?我微信备注下,这样永远都保存了。

顾客:手机号是13……

小知识

勤洗茶具,防止茶锈垢危害健康

茶叶中的多酚类物质极易在空气和水中氧化成棕色的胶状物质,这就是茶锈。没有喝完或久滞在壶杯中的茶汤如果暴露于空气中,其中的茶多酚与金属物质(如镉、铅、铁、砷、汞等)就会氧化,变成茶锈垢,附着在茶壶、茶杯表面,很难洗去。

有研究显示,茶锈垢进入人体后会与食物中的蛋白质、脂肪酸及维生素等结合,形成沉淀后阻碍营养素的消化与吸收。茶锈垢一旦被吸收,会导致肝、肾、胃等脏器出现炎症,发生病变,甚至坏死。

嗜茶者一定要养成勤洗茶具的习惯,以防茶锈垢进入人体造成危害。一般的茶锈垢用清洁粉就能够擦洗干净;对于难以去除的茶锈垢,可用细纱布蘸取少量牙膏或用烟灰擦洗干净。

销售场景49

如何送顾客离开门店

场景分析

“迎得好不如送得妙”，顾客离开门店时的送别是本次销售活动的结束和下一次销售活动的开始，因此非常重要。有些导购在送顾客离开门店的时候，就真的把顾客送走了，顾客也不再回头了。这是门店销售时顾客只做一次生意或者只进一次门店的原因之一。

“欢迎您下次再来，请慢走”，不符合现代人的生活节奏。

“请不要遗忘您的随身物品”，过于机械化和职业化，没有感情。

金牌导购秘籍

送别顾客是又一次销售的开始。

导购策略

无论顾客第几次进入门店，也无论顾客消费与不消费，导购都要用真挚的微笑和发自内心的感激送顾客离店，并把最诚挚的祝福和最美好的祝愿送给顾客，让顾客有完美的、愉快的门店体验经历。

如果条件允许（如门店顾客不多，导购人手充足），导购应该把顾客送至门外或车前，并目视顾客离开。

金牌导购语言一

导购：（将顾客送至门口，目送顾客离开）谢谢光临，请走好，欢迎您下次再来！

金牌导购语言二

导购：（把顾客送至车前）张总，这是您的茶叶，我帮您放在副驾驶座上（主动把包装好的茶叶放到顾客车上），有空记得常来我们店喝茶哦！（目送顾客驾车离开）

小知识

君山银针是黄茶

因为白毫银针是白茶，所以很容易将君山银针也认为是白茶。但实际上，君山银针是黄茶。

君山银针产于湖南岳阳洞庭湖中的君山，形细如针，故名君山银针。其成品茶芽头茁壮，长短大小均匀，茶芽内面呈金黄色，外层白毫显露完整，而且包裹坚实，茶芽外形很像一根根银针，雅称“金镶玉”。

黄茶属轻发酵茶类，加工工艺近似绿茶，只是在干燥过程的前或后，增加一道“闷黄”工艺，促使其多酚、叶绿素等物质部分氧化。黄叶黄汤是君山银针的主要特点。

销售场景50

如何向顾客进行回访

问题分析

回访是茶叶门店获得一手信息、联络顾客感情的重要手段之一，茶店基本都运用这个方法加强门店的经营力。

但是，对于顾客来说，都怕被陌生人随意打扰，因此要确保回访成功的先决条件是“回访前熟悉顾客的资料和背景”，让顾客感觉是和老朋友聊天。

“张先生吗？抱歉打扰您了”，开口道歉的语言本身没有错误，但对于顾客来说导购等于在自我否定。

“8 日是会员日，您到时候过来看看”，容易被顾客拒绝。

金牌导购秘籍

顾客不会轻易挂断朋友的电话。

导购策略

回访客户可以遵守三步策略：首先，了解顾客的工作、生活习惯，不要打扰顾客（消费者有一定的工作生活共性，如私企老板，上午 10 点前不要打电话，政府部门周一不要打电话）；其次，完整、准确记住对方的姓名和在门店消费的记录；最后，先问候，再介绍身份，语言流利，表达清晰，致电目的简洁明了。

事先准备一份礼品，给顾客意外的惊喜，成功率更高。如果得到顾客配合要表示感谢。

金牌导购语言一

导购：张总您好，我是×××茶叶店的客服，我叫玲花（自报家门，表明身份，拉近与顾客的距离）。张总，最近我们店在开展星级服务月活动，请您对导购的服务做一个评价，需要耽误您1分钟，谢谢！

金牌导购语言二

导购：张总您好，我是×××茶叶店的客服玲花，明天是您公子3周岁生日，我谨代表我们店的全体同事“祝令公子生日快乐，祝您全家幸福！”同时，我们店准备了一份生日礼物，您可以在一周之内来取。

小知识

隔夜茶能喝吗

过去有人认为隔夜茶不能喝，理由是隔夜茶里含有二级胺，会转变成致癌物亚硝胺。其实，这种说法是没有科学依据的，因为二级胺广泛存在于多种食物中，尤以腌腊制品中含量最多。二级胺本身并不是致癌物，必须有硝酸盐存在才能形成亚硝胺，并达到一定量级才有可能致癌。茶叶中的茶多酚和维生素C能够有效阻止人体内亚硝胺的合成，是亚硝胺的天然抑制剂，因此，饮茶或饮隔夜茶是不会致癌的。

但是，从营养卫生的角度来说，茶汤暴露在空气中，放久了易滋生腐败性微生物，使茶汤发馊变质。另外，久放的茶汤中茶多酚、维生素C等营养成分易氧化、减少。因此，一般情况下还是随泡随饮为好。

第五章

顾客投诉典型障碍破解

《茶叶应该这样卖》每隔半年就加印一次，成为茶叶零售工作者的必读之书，其内容是作者通过多年对茶店、茶馆的日常经营进行观察、分析得到的宝贵经验总结。

湖北省天门市陆羽研究会副会长　肖新国

销售场景51

顾客投诉买回去的茶叶冲泡时口感不如在店里好

场景分析

顾客经过导购引导后，把茶叶买回去，自己冲泡时，发现口感不如在茶店时导购冲泡好喝，他想是否导购给自己冲泡的茶叶和最终卖给自己的茶叶不是同一款，或者卖给自己的茶叶存放的时间过长，或者导购卖给自己的茶叶质量有问题。因此，顾客会产生种种想法，并向门店进行反馈或投诉。

“放心吧，我绝不会把有问题的茶叶卖给您的”，让顾客感觉茶叶口感不好，是自己造成的，引起顾客的不满。

“不可能吧，同批次、同品种的茶叶，怎么可能你回去泡和在店里泡，口感会有差别呢”，导购不专业，无法解释问题的原因。

金牌导购秘籍

道歉，是化解投诉的又一绝招。

销售策略

茶叶门店导购，不单是要把茶叶卖给顾客，而且要传播正确的茶知识和茶文化。本场景中，顾客投诉茶叶买回去冲泡的口感不如在门店好喝，原因有很多种，如茶叶冲泡的时间没有把握好，顾客泡茶的水质不一样，顾客用的器皿不对等。

对于这个场景，本着“顾客是上帝的原则”，导购一定不能责怪顾客冲泡方式不对或者讥笑顾客，否则会导致顾客对于门店或者品牌产生厌恶感，从此不再来买茶叶，甚至向朋友抱怨。

正确的处理方法是：第一，进行道歉，减弱顾客的投诉情绪；第二，请顾客带上茶叶来店里进行调换；第三，顾客来门店后，用顾客带来的茶叶再次冲泡给顾客喝，顾客认可口感后，向顾客解释本款茶叶如何冲泡口感最佳。

金牌导购语言一

导购（顾客电话投诉）：陈总，真是抱歉！您看这样好吗？请您把茶叶拿回来，我为您调换茶叶，看是否还会出现这样的问题。

顾客：那好吧！

导购：陈总，那您方便的时候来店里，我随时为您服务！

金牌导购语音二

导购（顾客来门店投诉）：真是对不起，又让您跑了一趟。来，我泡杯好茶给您喝，陈总，这边请！

顾客（跟着导购到茶桌前坐下）。

导购（冲泡顾客购买的同款茶叶）：陈总，您觉得这款茶叶口感怎么样？

顾客：不错。

导购（微笑）：陈总，要不要我告诉您一个秘密？

顾客（产生兴趣）：好啊！

导购：其实刚才我们喝的茶叶就是上次您买的那款！

顾客（惊讶）。

导购：不过，责任在我，是我忘记告诉陈总这款茶叶怎样泡口感最好。（解说茶叶的冲泡方法，包括器皿、水温、冲泡时间控制等）。

小知识

苏轼与茶

苏轼（1037—1101，字子瞻，号东坡居士，今四川眉山市）人。苏东坡是中国宋代杰出的文学家、书法家，而且对品茶、烹茶、茶史等都有较深的研究。在他的诗文中，有许多脍炙人口的咏茶佳作、流传下来。他创作的散文《叶嘉传》，以拟人手法，形象地称颂了茶的历史、功效、品质和制作等各方面的特色。如元丰元年（公元1078年），苏轼任徐州太守时作有《浣溪沙》一词：“酒困路长惟欲睡，日高人渴漫思茶，敲门试问野人家”。形象地再现了他思茶解渴的神情。

销售场景52

顾客投诉茶叶含有杂质

场景分析

正常情况下,顾客不可能没事找事,特别是质量问题。顾客买东西遇到质量问题是件非常不开心而且恼火的事情,向导购投诉,导购如果推卸责任,或者把问题归咎于顾客,店铺将失去一位顾客,并且他将影响其身边的朋友不再购买该品牌的茶叶。特别是在移动互联网快速发展的今天,消费者如果通过互联网(微博和微信等)进行传播,其影响就更大。同时,目前国家的法律法规也在消费者利益受损的时候,将帮助弱势群体伸张正义放在了首位。

“怎么可能呢,我们店开了三年,从来没有顾客反映过这样的问题”,这样的说法让顾客感觉自己是特意来找碴儿的,无益于解决问题,会导致矛盾激化。

“您当时又没提出来,现在您都拿回去了而且打开了,怎么能说是我们的问题”,这样说的导购犯了一个常识错误,茶叶不像衣服或者鞋子,表面检查就能把问题看出来,茶叶是真空包装的,顾客怎么可能看出袋子里的茶叶有杂质,这样的说法同时把责任推给了顾客。

“茶叶梗,怎么能说是杂质啊”,这种说法等于责怪顾客太挑剔,不懂茶。

金牌导购秘籍

危急时刻，换个方向，顾客就能变成朋友。

导购策略

如果消费者投诉茶叶质量问题，如出现包装破损、茶叶有杂质、真空包装漏气等，无论问题是否存在，导购和门店都应该用最诚恳的方式道歉，并为消费者调换同等价位的茶叶，以获得消费者的谅解，并让消费者感觉这个品牌是敢于承担责任的。然后和消费者一起来寻找问题的原因，避免同样的问题再次发生。

金牌导购语言一

导购：帅总，真的很对不起，给您添麻烦了。您先在这边喝茶，我去为您换同等价位的茶叶，对了，调换的茶叶您还是需要这种口感的吗？还是……

顾客：是的，还要这种口感。

导购：帅总，不好意思让您久等了，这是为您调换的茶叶。刚才在换茶叶的时候，我给店长打电话汇报了茶叶有杂质的事情，店长说等她忙完了，马上把投诉单传真到总部，要求他们在生产过程中严格把关，不能再让有问题的茶叶进入市场，以免给顾客带来不必要的损失。来，这是顾客投诉单，请您签个字。

金牌导购语言二

导购：帅总，非常感谢您对我们品牌的关爱。对于这次您的茶叶中有杂质的问题，第一，我们将给您换同等价位的茶叶（马上请其他导购去取茶叶)；第二，请您填写这张《顾客投诉单》，下午我们将传真回公司总部，请总部追查问题的来源，以杜绝同类事情再次发生；第三，为了感谢您的监督，根据公司规定，我们将聘请您担任质量监督员，质量监督员在我们门店消费时将享受贵宾待遇，而且还将有机会参观我们公司总部。再次感谢您！

小知识

黄庭坚与茶

黄庭坚（1045—1105，字鲁直，号山谷道人，又号涪翁，洪州分宁今江西修水）人，宋代杰出的诗人和书法家。

元祐二年（公元1087年），黄庭坚在京任职时，收到老家送来的双井茶，他立刻将茶分赠给好友苏轼，并写下了这首《双井茶送子瞻》诗：

人间风日不到处，天上玉堂森宝书。想见东坡旧居士，挥毫百斛泻明珠。
我家江南摘天腴，落硙霏霏雪不如。为君唤起黄州梦，独载扁舟向五湖。

销售场景53

老顾客反馈订的茶叶送货不及时

场景分析

老顾客是门店的财富，因为他们已经认可了品牌、茶叶、门店以及导购，他们是门店销量的最主要来源。

老顾客出于对门店的信任，经常会打电话给门店，要求送茶叶到指定地点，但是门店因为人手不足(特别是加盟门店)、送货的导购员对道路不熟悉或者遇上交通高峰期等，往往会延误，不能及时把茶叶送给顾客，导致顾客投诉。

“先生，我们已经尽力了，堵车啊”，为自己找理由开脱责任，可能会因此失去一位顾客。

“时间太急”，把责任归咎于顾客下单太匆忙。

金牌导购秘籍

失去老顾客就是失去财富。

导购策略

一则很经典的故事，某快递公司为了给一位地处偏远地区的客户投递一份快件,采用了专机送达的方式,虽然快递的收费远远不够专机的费用,但却赢得了广大客户的认可,快递公司也因此快速发展。

面对顾客的投诉,导购要做的不是争执,而是真诚地道歉,获取顾客的理解和支持。从100到0很容易,但是从0变成100很难。同样地,失去一位顾客很容易,获取一位顾客的认可非常难。

金牌导购语言一

导购:李总,非常对不起,没有及时把茶叶送到您的办公室。我们的导购已经出去一个小时了,由于刚好是下班交通高峰期,道路非常堵,所以延误了时间。我马上和导购联系,看她到哪儿了,还要多长时间到您那边,您稍等会儿,我回电话给您。

顾客:好的。

导购:李总,不好意思,让您久等了,我联系了送货的导购,她说还有20分钟就到您那边了,您再耐心等一下。谢谢您的支持!

金牌导购语言二

导购:李总,非常抱歉,由于您要的那款茶叶门店没货了,我们从最近的门店已经调货过来,大概1小时就可以送到您手上。请您再耐心等待一下,谢谢您的支持!

小知识

孙中山与茶

孙中山先生是伟大的中国革命先行者，他对茶的饮用有精辟论述：“茶为文明国所既知已用之一种饮料。……就茶言之，是最为合卫生、最优美之人类饮料。”

他在题为《三民主义·民生主义》的讲演中谈道：“外国人没有茶以前，他们都是喝酒，后来得到了中国的茶，便喝茶来代酒。以后喝茶成为习惯，茶便成了一种需要品。”

销售场景54

茶叶买回去后泡给朋友喝，朋友说茶叶不值这个钱

场景分析

消费者购物有五大风险，其中之一就是社会风险(朋友的评价)。有些顾客很喜欢和朋友交流购物心得，或者和朋友分享新买的商品，请朋友做个评价，如果朋友说买贵了，这个商品不值那么多钱，顾客就会动摇他的决定，怀疑自己被忽悠了。在茶行业，有的顾客购买茶叶后，换个没有标签的包装，再回到门店，询问这款茶叶的价格，如果导购把这个价格说得比自己的卖价低，那顾客很可能会要求退回茶叶或者退差价，从而引起不必要的纠纷。

“先生，您放心好了，我们都是明码标价而且是全国统一的”，没有解决顾客的疑问，无效的回答。

“您的朋友怎么能这样说啊”，把责任归咎于顾客的朋友，引起顾客的不满，将失去顾客。

金牌导购秘籍

坚定顾客的信心，让顾客感觉自己是对的。

导购策略

导购遇见这样的问题，首先要了解顾客的朋友说价格贵是和什么类型的茶叶做比较，如单体茶叶店、茶农手上直接收购的茶叶或者网络上购买，了解原因后从品牌茶叶的运营模式分析为什么品牌茶叶会比单体茶叶店贵，坚定顾客的购买决定，让顾客感觉自己是对的。

金牌导购语言一

导购：高总，您反馈的这个问题真好。不过，我能请教一下吗？您的朋友说我们的茶叶贵，是和什么茶叶相比较的？（了解对比产品）

顾客：他前几天在网上订购的一款茶叶，口感差不多，价格就比你们的便宜多了。

导购：高总，您朋友说的是对的，因为网络销售，没有了实体门店的运营成本（店租、人员工资和门店装修等），价格肯定会更便宜的。但是，网络销售的茶叶和门店销售茶叶的最大差别就是门店给您提供的是面对面的服务，提供了幽静的环境，如果出现问题也能第一时间给您解决，所以这两种渠道购买的茶叶价格并不具可比性，您说对吗？（解答顾客的疑虑，坚定顾客的信心）

金牌导购语言二

导购：高总，我需要向您解释的是，我们是全国连锁品牌，到去年年底已经有 300 多家门店，从运营成本来说，品牌茶叶相对会比单体茶叶店或者网店贵点。但您是位生活有品位的人，买东西肯定是认品牌的，因为品牌代表的是高品质。我想在价格和品质之间，您肯定选择品质，对吗？（从品质角度解释）

小知识

鲁迅与茶

鲁迅先生在《喝茶》这篇杂文中说："有好茶喝，会喝好茶，是一种'清福'。不过要享这'清福'，首先必须有工夫，其次是练出来的特别的感觉。"这段话，明白地道出了他的喝茶观。

鲁迅先生生长在茶乡绍兴，喝茶是他的终身爱好。所以在他的文章和日记中，提及茶事甚多。鲁迅客居广州时，也是广州著名的"北国""陆园""陶陶居"等茶楼的座上客。他说："广州的茶清香可口，一杯在手，可以和朋友作半日谈。"他游览杭州西湖，曾兴致十足地在虎跑泉边品尝龙井茶和虎跑水。鲁迅先生作为一位伟大的文学家、思想家，一生淡泊名利，关心民众，他以茶联谊，施茶子民的精神，更为中华茶文化增辉。

销售场景55

顾客投诉茶叶与导购介绍不相符

场景分析

赵本山有三部以“忽悠”为主题的小品，分别是《卖拐》《卖车》和《功夫》，这三部小品揭示的营销策略是“为顾客传递产品的真实价值才是企业发展之道”。因此，作为导购，首先需要传递的是产品/品牌的真实价值，不夸大、不忽悠顾客。

“怎么可能，我们可是品牌茶叶”，质疑顾客，容易与顾客发生争执。

“可能是您当时听错了”，推卸责任，失去顾客。

金牌导购秘籍

夸大产品介绍，无助于门店业绩实现。

导购策略

顾客投诉茶叶和导购介绍的不相符，原因可能是导购工作上的失误、顾客理解错误或者导购夸大了茶叶的价值。

导购处理这种问题的方法是，不与顾客争执问题的原因，不推卸责任。

因此，导购首先要做的是向顾客道歉，承认错误（如果造成了顾客损失，则应该给予相应的赔偿）；然后再次向顾客解释，直到顾客满意为止。

金牌导购语言一

导购：余小姐，对不起。因为我们工作上的失误给您造成了不便，我向您道歉。是这样的，这款茶叶在制作过程中采用……因而它的口感具有……余小姐，如果还有什么不清楚的地方请和我说，我会尽力为您服务的。（主动道歉，并再次解释）

金牌导购语言二

导购：余小姐，实在不好意思，这是我们工作上的失误，还让您亲自跑一趟，我再次向您道歉。如果给您造成了损失（如来回车费），我去向店长申请，争取给您弥补（给顾客弥补损失，让顾客感觉导购是真诚的）。其实，这款茶叶确实在制作过程中采用……因而它的特点是具有……特别适合您这样注重保持身材的女士。

小知识

饮茶偏好与性格的关系

茶类	性格特点	分析
大红袍	沉稳	偏好大红袍的人，一般都很有人格魅力，表面看起来沉闷，待人接物相对严肃，不喜欢在琐碎的事情上浪费时间和精力，追求秩序感
铁观音	探索	偏好铁观音的人，一般都诚实、坦率，求知欲极高，勤奋好学，热爱阅读，是理想派，愿意以赤胆忠诚捍卫他们认定的最高价值，以目标为导向，反应迅速，对事情的后果不会有太多的考量和评估
普洱生茶	独立	偏好普洱生茶的人，一般都非常独立且有才干，意志坚强，对别人的困境能客观、冷静地分析，又不会强加自己的意志；具有确定感，既不自我保护，也不外向，虽然被动，却不柔弱，有个人空间，同时又能自给自足
普洱熟茶	包容	偏好普洱熟茶的人比较容易走极端，要么成为极端的悲观主义者，遇到困难时容易气馁、消沉；要么成为极端的乐观主义者，容易沉浸在白日梦中，对当下的一切漫不经心
绿茶	创造	偏好绿茶的人一般都比较快活，快速的新陈代谢让他们比较容易急躁，做事没耐心，且入睡很难。他们无法谅解那些做事比自己慢的人，如果事情进展不如预期快，会变得极不耐烦
红茶	滋养	偏好红茶的人温暖又包容，乐于助人，有很强的家庭观念，通常会把自己的需求放到最后。他们喜欢依附别人生活，喜欢舒适和熟悉的环境，也是很好的倾听者，拥有很好的共情能力
茉莉花茶	自信	偏好茉莉花茶的人是典型的理想主义者，阳光自信，热情洋溢，能够看到每个人闪光的一面

小知识

续表

茶类	性格特点	分析
白茶	治愈	偏好白茶的人具有开朗的天性和幽默感，能够很好地调节气氛，擅长组织聚会，喜欢照顾别人，有许多兴趣爱好
黄茶	塑造	偏好黄茶的人一般多才多艺，思想活跃。他们认识事物会有两面性，有时候表现得很天真，只看到自己想看的事物，缺乏对现实生活的认知
茯砖茶	温厚	偏好茯砖茶的人一般都温暖、善良且真诚。他们给人的感觉是朴实无华的，不计较得失，凡事随心

感恩支持《茶叶应该这样卖》一书的单位和个人

说明：因篇幅有限，仅列举部分茶企茶馆、行业协会、高等院校、培训机构和媒体名单，感恩所有支持《茶叶应该这样卖》的单位和个人！感恩作序的专家！感恩题写推荐语的茶企负责人！感恩选用书为门店培训教材的企业！感恩全国数万读者！

湖南省茶业集团股份有限公司

安徽茶叶进出口有限公司

北京吴裕泰茶业股份有限公司

福建华祥苑茶业有限公司

勐海陈升茶业有限公司

湖南白沙溪茶厂股份有限公司

峨眉雪芽茶业集团总公司

安徽大业茗丰茶叶有限公司

黄山王光熙松萝茶股份有限公司

福建品品香茶业有限公司

谢裕大茶叶股份有限公司

北京老舍茶馆有限公司

云南西双版纳易武福元号茶业有限公司

宜宾川红茶业集团有限公司

湖南省君山银针茶业有限公司

湖南省高马二溪茶业有限公司

勐海七彩孔雀茶叶有限公司

日春股份有限公司

武夷星茶业有限公司

福建理想茶叶有限公司

厦门山国饮艺茶业有限公司

天津东疆真诚茶舍有限公司

福建省裕荣香茶业有限公司

河南蓝天茶业有限公司

厦门清雅源工贸有限公司

福建元泰茶业有限公司

福建四进茶业有限公司

福建泉岩茶业有限公司

福建裕园茶业有限公司

婺源华源茶业有限公司

南昌晓起皇菊实业有限公司

安徽省祁门红茶发展有限公司

陕西和运茶业有限公司

杭州泊园茶人服股份有限公司

陕西盘龙天然富硒绿茶有限公司

江西鼓韵宁红茶叶有限公司

河南信阳毛尖集团有限公司

云南大益茶业集团番禺经销商

云南下关沱茶(集团)有限公司东莞旗舰店

八马茶业四川眉山经销商

品品香西安总代理

岁月知味陕西办事处

北京莲语茶学堂

广州市品希文化传播有限公司

浙江自在林禅茶文化交流中心

厦门汉艺唐风茶文化有限公司

肇庆甲子泰茶业文化传播有限公司

云南农业大学热带作物学院

江西水利学院茶学专业

河南中原国际茶都

安徽华夏国际茶城

中国茶业商学院

中华茶馆联盟

湖南省茶叶研究所

广东省茶叶流通协会

安徽省茶叶行业协会

贵州省绿茶品牌发展促进会

贵州省茶文化研究会

广西茶业商会

福建厦门市茶业商会

广东汕头市茶叶行业协会

广州番禺区贸促委茶专委

安徽省祁门红茶协会

广东博罗县茶叶流通协会

湖北天门陆羽研究会

江西铜鼓县农业局

湖南卫视茶频道

中华合作时报·茶周刊

济南日报·中国茶生活

糖烟酒周刊杂志

销售与市场杂志

当代贵州杂志

品牌观察杂志

中华讲师网

茶语网

读者评语节选

1. 自从学习《茶叶应该这样卖》后，我每个月的业绩都是门店第一，这是一本让你成为茶叶销售冠军的书。沈阳读者

2. 赞一个，《茶叶应该这样卖》写得太详细实用了。河南读者

3. 看了《茶叶应该这样卖》，非常喜欢。黑龙江读者

4. 很有实战性的一本书！基本可以替代茶企培训材料！当当读者

5. 开茶叶店老板必备的一本书。当当读者

6. 举例比较全面，对于一般面对顾客销售茶叶来说非常不错。当当读者

7. 关注茶的朋友，可以购买。不错的书，也希望朋友们推荐更多关于茶的书籍给我哦。一直在当当购书多年，很满意。当当读者

8. 实用性很强大。当当读者

9. 具体内容分析很不错。当当读者

10. 这本书真不错，值得一看。当当读者

11. 书的内容不错喔，都是实况，应该仔细阅读。当当读者

12. 内容富有实战性，有用，还算丰富。当当读者

13. 这本书适合营业员看，写得还不错。当当读者

14. 该书讲到了许多场景，一一举例说明，现学现用了。当当读者

15. 书收到了，一直没时间评价，目前正在看，内容很好很详细，非常喜欢。当当读者

16. 能吸收成为自己的知识就很不错了，努力。当当读者

17. 作者话不多，却都是有用的，我看了近一周了，还在看，不错，对我的经营很有帮助。当当读者

18. 很好，买给员工看的，特别实用，特别好，赞一个！是茶店员工的必

备手册！如果你把这本书运用到工作中，没有做不好的业绩，只有不努力的个人！当当读者

19. 非常满意，受益匪浅。当当读者

20. 买给我老公的，我老公很喜欢，很认真地看，他说这书很不错。当当读者

21. 内容不深，但挺实用，又很好读。适合给员工阅读和提高。当当读者

22. 很实用，针对的都是店销当中实际会出现的案例，方式方法也比较对症状，但是始终感觉略感浅薄，仅仅在对客应答上做出了建议，对于如何进一步引导客户和良好达成销售方面几乎没提及，薄弱了些。当当读者

23. 听过戴老师的课，觉得不错。购买后不失所望，纸张一般些。淘宝读者

24. 很喜欢，长见识，送货很快。淘宝读者

25. 非常好，学习了！好好好好好！京东读者

26. 很详细的一本书，值得一看。京东读者

27. 看了一下目录，还不错，以后有需要还会来买。京东读者

28. 内容不错，适合经营茶叶生意的。京东读者

29. 比较耐看、实用的一本书，可以拜读拜读，还是有帮助的。京东读者

30. 内容不错，适合经营茶叶生意的。京东读者

31. 卖茶叶的可以借鉴，不错。京东读者

32. 很好，看了几个案例后，很好用哦！京东读者

33. 公司学习用的，印刷不错，内容易懂，很好。内容适合门店销售员学习，实用。京东读者

34. 看了好去卖茶叶了哦。呵呵！京东读者

35. 有看点，不错的书，收获不少。京东读者

36. 简单实用的教科书！！买给公司用的！！！京东读者

37. 好评，书已经收到了，质量不错的，下次需要再买。淘宝读者

38. 全五分好评，推荐茶圈的朋友都买了，很不错的内容。淘宝读者

39. 书收到了！还不错！可以学到卖茶的技巧！喜欢的快下单吧。淘

宝读者

40. 很好,很有作用,下次还会来。淘宝读者

41. 因为出差,没来得及及时确认收货喔!不过真的适合像我们这种连锁店,赞一个!真的是上午学下午用啊。淘宝读者

42. 喜欢,买了两本,和朋友一人一本。淘宝读者

43. 简单明了,好学,很实用。淘宝读者

44. 我是出去搞地推的,这些术语太过正式,适合店内销售,不过能起到抛砖引玉的作用,是本好书,速度快。淘宝读者

45. 戴老师,看了你写的《茶叶应该这样卖》,真的很受用,谢谢!老师,以后有新书出来可以推荐一下哦!微信读者

46. 很好,有场景分析和策略,有矫正语句,还有小知识。微店读者

47. 可以,这书不错,帮助挺大的,必须来个赞。微店读者

48. 挺不错的,好像说得很有道理,好好看看,希望有帮助。微店读者

49. 非常好的一本书,可以帮助我多了解如何销售茶叶。微店读者

读者驿站

序号	省份	茶店	地址
1	北京	富美堂·慕葉茶舍	北京市顺义区中粮祥云小镇南区5号楼804室
2	天津	仙云舍生活艺术馆	天津市和平区保安大街长寿公寓5号楼底商A座
3	重庆	茗杨茶道	重庆市合川区嘉宾路331号
4	辽宁	彭先生茶业	辽宁省沈阳市沈河区小西路87甲
5	河北	云鬟香茶生活馆	河北省石家庄市裕华区槐安东路“怀特珠宝城”负一层B062号
6	河北	有间茶馆	河北省石家庄市藁城区东城北街175号
7	河南	陶源茗汇美茶城店	河南省郑州汇美茶城H区30号
8	内蒙古	馨香茶庄	内蒙古包头市青山区少先路五一市场
9	新疆	大嘉木茶庄	新疆乌鲁木齐市沙依巴克区炉院街337号炉院茶城2楼18号
10	宁夏	小雅茶事生活馆	宁夏银川市兴庆区民族北街景博路玺云台南区商铺19号
11	海南	雾晨	海南省海口市龙华区滨海大道泰华路博源酒店A栋2层
12	山东	六然铭	山东省济南市历城区七里堡茶城B区2楼—17号
13	山西	七彩云南	山西省太原市小店区晋阳街发展路
14	贵州	昌泰茶业	贵州省贵阳市云岩区未来方舟D15组团

续表

序号	省份	茶店	地址
15	湖北	叹茶居	湖北省武汉市武昌区积玉桥街和平大道716号恒大首府1幢1—2层商14号
16	湖北	楚宸轩茶会	湖北省武汉市江汉区银松路144号—15
17	湖北	理想茶行	湖北省襄阳市襄城区檀溪路
18	湖南	尖峰神叶免费品鉴店	湖南省张家界市永定区大庸桥办事处国际旅游广场旁
19	湖南	久祐茶业	湖南省常德市武陵区老西门商业街20号
20	广西	好茗堂茶店	广西北海合浦县华兴步行街C区32号
21	浙江	若拙茶店	浙江省杭州市西湖区紫金港路21号西溪天堂商业街5－L109
22	福建	忆古茶舍	福建省三明市三元区下洋花园13栋六号店
23	安徽	弋江源黄山宏村店	安徽省黄山黟县宏村风景区商业街“弋江源茶楼”(中国邮政对面)
24	江西	茗悦天下茶世界	江西省宜春市明月北路1009号75栋1－4店面
25	广东	老杨茶庄	广东省广州市番禺区钟村骏新路177号
26	广东	聚茗轩(雨林古茶坊)	广东省深圳市罗湖区红桂大厦一楼
27	广东	羽鹏茗茶东莞长安店	广东省东莞市长安镇厦岗福海路26号
28	广东	陈韵堂潮州店	广东省潮州市枫溪老陶瓷城东区F11
29	广东	芸香柑柠陈皮茶业	广东省台山市侨雅花苑逸雅阁19－21号

后 记

风雨茶叶路，感恩一路有你相伴

2010 年，因咨询项目的原因，进入了茶行业。经过调研，发现茶叶导购对于销售技巧有迫切的学习需求。但细观茶业，没有一本针对销售的培训教材，没有一位老师重点研究茶叶销售的技巧。

巧合的是，时任中国经济出版社出版中心主任的徐子毅老师来电交流图书出版的事情，于是《茶叶应该这样卖》的写作和出版进入了议程。

未能预料的是，原本预计 1 年出版的书，直到 2013 年 10 月才姗姗与读者见面，从选题确定到出版发行，前后共计 4 年时间。

4 年里，我走访了 130 多家茶馆和茶店，收集了 30 多位店长和 100 多位导购接待顾客的经验，也让《茶叶应该这样卖》获得了读者的认可。2013 年 10 月至 2016 年 3 月，印刷 6 次，同时被大业茗丰、君山银针、蓝天茶叶等数百家茶企选作培训教材是最好的证明。

世事总是有巧合，《茶叶应该这样卖》（白金升级版）离第一版第一次发行，前后又是 4 年的时间。4 年里，读者和茶友一路相伴相随，我也总能在不同场合遇见读者，总是有茶友用惊喜的语气问：“您就是《茶叶应该这样卖》的作者戴高诺老师”，总是有读者加微信说：“老师，我正在看你的书……”

有读者问我：“《茶叶应该这样卖》（白金升级版）和第一版有什么区别？”这个问题具有广泛的代表性，也成为读者购买升级版的主要原因。

我想，“白金升级版”融入了近 4 年来千家茶企、茶馆、茶店培训经验的理性思维，融入了数百位读者的反馈，融入了更多茶店店长和导购的实战经验；书中的场景经过更新或者调整后，针对性和实用性更强。特别是2014年后，中国经济进入新常态，茶业进入转型期，在转型时茶馆茶店出现了盈利降低的现象，表现在盈利模式单一、进店率低、成交率低、客单价低等方面，而本书的技巧能有效提高成交率、客单价和重购率。

《茶叶应该这样卖》（白金升级版）结合了"互联网+"时代的特点，延续了第一版的风格，内容依然以"茶店顾客接待场景"形式呈现，"简单、实用、可复制"依然是本书的风格。

风雨茶叶路，感恩一路相伴的茶企、茶馆和茶店，感恩一路相伴的读者和茶友。

戴高诺

2016年10月